En Alianza con Dios

Forjadores de Esperanza
  Libro 1
    En alianza con Dios
  Libro 2
    Seguidores de Jesús
  Libro 3
    Activos en la historia
  Libro 4
    Comprometidos como iglesia
  Libro 5
    Constructores de cultura y sociedad

Builders of Hope
  Book 1
    In Covenant with God
  Book 2
    Followers of Jesus
  Book 3
    Acting Through History
  Book 4
    Committed as Church
  Book 5
    Fostering Culture and Society

◧ Forjadores de Esperanza ◨

Libro 1

En Alianza con Dios

Equipo Editorial de En Alianza con Dios

Saint Mary's Press
Christian Brothers Publications
Winona, Minnesota

ESPERANZA

TESTIGOS DE

Papel reciclado con 10% de desperdicio.
Impreso con tinta a base de soya.

El equipo de trabajo para la publicación de este volumen incluye a Eduardo Arnouil, editor; Aurora Macías-Dewhirst, correctora de estilo editorial; Amy Schlumpf Manion, productora editorial y tipógrafa; Maurine R. Twait, directora de arte; Alicia María Sánchez, diseñadora de la portada e ilustradora; Kent Linder, diseñador gráfico; preimpresión, impresión y encuadernación por la división gráfica de Saint Mary's Press.

Saint Mary's Press agradece la subvención por parte de la ACTA Foundation para la publicación de este libro.

Los reconocimientos continúan en la página 198.

Impreso en Estados Unidos de América

Impresión: 9 8 7 6 5 4 3 2 1

Año: 2006 05 04 03 02 01 00 99 98

ISBN 0-88489-438-X

Equipo Editorial de En Alianza con Dios

En alianza con Dios es el primer libro de la serie Forjadores de Esperanza; serie escrita para promover el desarrollo de la formación de la vocación de los jóvenes como laicos en la iglesia y en la sociedad. *En alianza con Dios* está dirigido a jóvenes de dieciséis años en adelante, que pertenecen a pequeñas comunidades evangelizadoras y misioneras; su uso con jóvenes de edad más temprana requiere adaptaciones metodológicas y de contenido. También es apropiado para usarse en grupos de jóvenes y otros ámbitos pastorales.

En alianza con Dios está diseñado para empezar un proceso de evangelización continua y de formación integral que llevará a una **praxis cristiana,*** una vez que los jóvenes han tenido una experiencia básica de vida **comunitaria.** Sus objetivos son llevar a los jóvenes a descubrirse a sí mismos como personas, ayudarlos a comprender el significado de la alianza con Dios, y fomentar la vivencia de la alianza a nivel personal y comunitario. El libro enfatiza la vocación y la misión de los jóvenes en la historia de salvación desde una perspectiva **teológica** y **antropológica.**

Este libro sigue el modelo Profetas de Esperanza, el cual se describe en los libros *El modelo Profetas de Esperanza: taller para un fin de semana* y *Amanecer en el horizonte: creando pequeñas comunidades.* Para ubicar *En alianza con Dios* como un recurso para la implementación del modelo, ver el apéndice 2.

El proceso de *En alianza con Dios* consiste de *una jornada inicial* que ayuda a los jóvenes a comprender el significado de la alianza; *dos ciclos de reuniones de comunidad* que se centran en diversos aspectos de la alianza, desde la perspectiva del Antiguo y del Nuevo Testamento; *un taller de formación* que ofrece una introducción al estudio de la Biblia, y *un retiro* que está diseñado para motivar a los jóvenes a

---

*Los términos especiales están señalados con negritas la primera vez que aparecen. Su definición se encuentra en el glosario. Se recomienda revisarlo antes de leer el libro para familiarizarse con el vocabulario. También se recomienda que las personas responsables de coordinar y facilitar la reunión estudien con cuidado la terminología correspondiente.

vivir la alianza a nivel personal y comunitario. Además, el libro contiene *tres documentos* y *dos apéndices*. Los documentos ofrecen diferentes clases de contenido informativo necesario para la comprensión y la reflexión de temas que integran el proceso de formación. Los apéndices incluyen las formas de evaluación y un cuadro de la colección Testigos de Esperanza.

Este libro es un instrumento para apoyar la vida de una pequeña comunidad. Toca a cada comunidad usarlo como un recurso que le sirva para crecer en su vida cristiana y fortalecer su espíritu misionero. Se recomienda que los jóvenes lleven consigo un diario donde anoten sus reflexiones o que, al menos, tomen notas en sus libros.

Metodología de la serie Forjadores de Esperanza

La serie Forjadores de Esperanza sigue una metodología fundamentada en una perspectiva integral del desarrollo humano y del crecimiento cristiano del joven. Promueve un análisis crítico de la realidad, el uso frecuente de las Escrituras, el apoyo en documentos eclesiales, la oración personal y comunitaria, los procesos de formación-en-la-acción, y la praxis cristiana.

En alianza con Dios, al igual que el resto de los libros de la serie Forjadores de Esperanza, consta de los cinco módulos que se describen más delante. Estos son: la jornada inicial, el primer ciclo de reuniones de comunidad, el taller de formación, el segundo ciclo de reuniones de comunidad y el retiro. La coordinación de cada módulo es responsabilidad del equipo coordinador, el cual está formado por tres a cinco personas. El equipo es seleccionado de un grupo formado por los **animadores** de todas las comunidades y dos delegados previamente seleccionados de las comunidades que están en la misma etapa de formación.

El proceso de este libro comienza con una reunión de planeación de la jornada inicial, las reuniones de comunidad, el taller de formación y el retiro, a cargo del equipo coordinador. Un calendario de los diferentes módulos aparece en las páginas 14–15.

Descripción de los cinco módulos

A continuación se describen los cinco módulos que constituyen el proceso de *En alianza con Dios:*

Módulo 1: Jornada inicial

La jornada inicial ofrece a los jóvenes una experiencia de comunidad eclesial más amplia que la de las pequeñas comunidades, y los ayuda a entrar en la primera etapa del proceso de formación-en-la-acción. Puede ser realizada en uno o dos días, según juzgue conveniente el equipo coordinador. Las instrucciones para prepararla se encuentran en las páginas 17–18.

Módulos 2 y 4: Ciclos de reuniones de comunidad

Las reuniones de comunidad ayudan a los jóvenes a vivir una praxis cristiana personal y comunitaria en la iglesia y en la sociedad. Están organizadas en dos mini ciclos, cada uno consiste de tres o cuatro reuniones con temas relacionados a la vida de los jóvenes, más una reunión centrada en la evaluación del contenido y el proceso de las reuniones anteriores.

Cada comunidad debe decidir la frecuencia de sus reuniones, para ello tomará en cuenta las necesidades y compromisos de sus miembros. El material diseñado para cada reunión puede ser cubierto en una o dos reuniones, según la situación de cada comunidad; lo importante es fomentar una vida cristiana al adaptar los materiales a la vida de la comunidad. También hay que dejar un rato para la convivencia informal y, otro, para hablar de la vida de la comunidad en sí.

Para que la pequeña comunidad tenga vida propia es importante que —además de las reuniones presentadas en este libro— sus miembros interaccionen, se llamen por teléfono y se visiten frecuentemente; compartan actividades pastorales y recreativas y participen regularmente, como comunidad, en la Eucaristía.

Para preparar y saber cómo conducir las reuniones así como para familiarizarse con su metodología, hay que consultar la "Introducción a las Reuniones de Comunidad", páginas 30–33. Si se usa este material con jóvenes menores de dieciséis años, además de adaptarlo, se recomienda dividir las reuniones en dos, de modo que el proceso responda mejor a sus necesidades.

Módulo 3: Taller de formación

El taller de formación está organizado para llevarse a cabo durante todo un día. Su objetivo es que los miembros de varias pequeñas comunidades interactúen entre sí y que aprendan de profesionales capacitados en áreas que requieren preparación académica, como son la **exégesis** bíblica, la sociología, y la teoría educativa. El equipo de coordinación es responsable de contactar anticipadamente a la persona que conducirá el taller. Las instrucciones adicionales para la preparación del mismo se encuentran en la página 83.

Módulo 5: Retiro

El retiro ofrece a los jóvenes la oportunidad de profundizar en su experiencia de fe, proceso que empezaron durante la jornada inicial y continuó en las reuniones de comunidad. Esta reflexión les ayudará a discernir en su desarrollo humano y en su crecimiento cristiano. El retiro también celebra el paso de la comunidad a la siguiente etapa de formación. Se recomienda que los jóvenes de varias pequeñas comunidades en la misma etapa de formación realicen juntos el retiro, para que intercambien experiencias y tengan un encuentro eclesial más amplio.

El retiro está planeado para un fin de semana: el viernes los jóvenes de distintas comunidades se conocerán y crearán el ambiente apropiado; el sábado está destinado a la reflexión y la oración, y el domingo está dedicado a la convivencia y la celebración de la Eucaristía. El equipo coordinador del retiro es responsable de contactar a un sacerdote para que reserve su tiempo y para la celebración de la Eucaristía. Las instrucciones para preparar el retiro se encuentran en la página 149.

Documentos

Los documentos son artículos informativos sobre tópicos que aclaran aspectos de fe cuestionados con frecuencia o que requieren explicación para ser comprendidos. Sirven como material de referencia sobre el tema general del libro y como recursos para el taller de formación.

Apéndices

El apéndice 1, "Formas de Evaluación", contiene una forma para evaluar cada uno de los módulos. Esta evaluación de los cinco módulos del proceso es muy importante para reconocer las contribuciones hechas por cada módulo al proceso; para identificar los aspectos que necesitan ser mejorados, y para promover el proceso de madurez de los jóvenes y de las pequeñas comunidades.

El apéndice 2 presenta un cuadro sinóptico de la colección Testigos de Esperanza. Éste contiene las diferentes series de la colección y explica el objetivo de cada libro y su ubicación en el proceso Profetas de Esperanza.

Nota: Los libros de esta serie están diseñados para conducir la jornada inicial, las reuniones de comunidad, el taller de formación, y el retiro, según la metodología aquí propuesta. Se necesitan otros recursos para preparar la ambientación de las reuniones, planear los juegos y seleccionar los cantos.

Proceso y calendarización:
En alianza con Dios

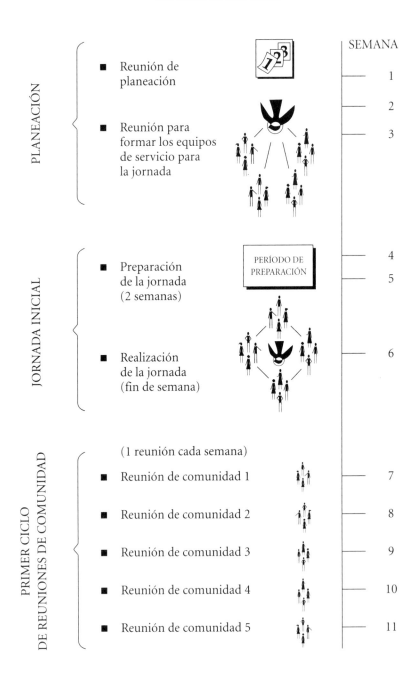

SEMANA

PLANEACIÓN

■ Reunión de planeación

■ Reunión para formar los equipos de servicio para la jornada

1

2

3

JORNADA INICIAL

■ Preparación de la jornada (2 semanas)

PERÍODO DE PREPARACIÓN

4

5

■ Realización de la jornada (fin de semana)

6

PRIMER CICLO DE REUNIONES DE COMUNIDAD

(1 reunión cada semana)

■ Reunión de comunidad 1

7

■ Reunión de comunidad 2

8

■ Reunión de comunidad 3

9

■ Reunión de comunidad 4

10

■ Reunión de comunidad 5

11

SEMANA

TALLER

- Taller de
  formación
  (1 día)

12

**SEGUNDO CICLO
DE REUNIONES DE COMUNIDAD**

(1 reunión cada semana)

- Reunión de comunidad 6 (a) — 13
- Reunión de comunidad 6 (b) — 14

- Reunión de comunidad 7 (a) — 15
- Reunión de comunidad 7 (b) — 16

- Reunión de comunidad 8 (a) — 17
- Reunión de comunidad 8 (b)

- Reunión de comunidad 9 — 18

- Reunión de comunidad 10 — 19

- Reunión de comunidad 11 — 20

RETIRO

- Reunión para formar equipo
  de servicio para el retiro — 21

- Preparación
  del retiro
  (2 semanas)

  PERÍODO DE
  PREPARACIÓN — 22

  — 23

- Realización
  del retiro
  (fin de semana) — 24

- Transición al libro
  Seguidores de Jesús

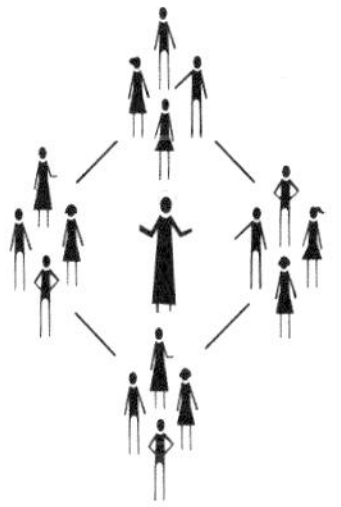

¿Quién Soy Yo?
¿De Dónde Vengo?
¿A Dónde Voy?

[Dios] nos eligió en Cristo
antes de la creación del mundo,
para que fuéramos su pueblo
y nos mantuviéramos
sin mancha en su presencia.
Movido por su amor,
él nos destinó de antemano,
por decisión gratuita de su voluntad,
a ser adoptados como hijos suyos
por medio de Jesucristo.

—Efesios 1, 4–5

Esquema

Objetivos

- Reflexionar sobre nuestra identidad personal a la luz de nuestra naturaleza como hijo o hija de Dios.
- Valorarse como persona única e insubstituible y reconocer las influencias que han marcado nuestra vida.
- Descubrir a Jesús como amigo y guía que ayuda a encontrarse a sí mismo, a forjar la personalidad y a crecer en alianza con Dios.
- Dialogar sobre la manera como podemos ayudarnos en nuestra jornada de fe y en nuestros esfuerzos de desarrollo personal.

Programa

Introducción: Bienvenida, inscripción, cantos, refrigerio, oración de apertura y orientación (1 hora)

Dinámica de ambientación o conocimiento (30 minutos)

Sesión 1: Creados para vivir en alianza con Dios (2 horas, 30 minutos)
A. Dinámica: Realización de un contrato
B. Círculo bíblico: Naturaleza de nuestra alianza con Dios
C. Comparación entre la alianza de Dios con nosotros, y los contratos entre personas

Sesión 2: La línea de nuestra vida (2 horas)
A. Reflexión personal
B. Reflexión comunitaria

Sesión 3: Visualizamos nuestro futuro como adultos (1 hora, 30 minutos)
A. Entrevista
B. Reflexión personal

Sesión 4: Personas con una vida plena (45 minutos)
A. Preparación de los sociodramas
B. Presentación de los sociodramas (durante algún alimento)

Sesión 5: Celebración litúrgica (45 minutos)
A. Meditación
B. Procesión de ofertorio
C. Canto final

Sesión 6: Evaluación (45 minutos)

Preparación

La jornada inicial está destinada a jóvenes comprometidos en continuar su formación y vida cristiana en una pequeña comunidad. Está planeada para un fin de semana; si se hace en un día, necesita ser adaptada. Conviene que todas las comunidades que están iniciando esta etapa de formación en una parroquia o diócesis, realicen la jornada juntas. Para preparar la jornada revisar primero la sección, "Metodología de la serie Forjadores de Esperanza", páginas 10–12, y después estudiar el siguiente proceso:

1. Reunión de planeación. El equipo coordinador, formado por los asesores, los animadores y los delegados de las comunidades, se reúne seis semanas antes de la jornada inicial para planearla.

2. Reunión de formación de equipos de servicio. El equipo coordinador y los miembros de las comunidades que participarán en la jornada inicial, se reúnen dos semanas antes de ésta, para formar un mínimo de seis equipos de servicio, cuyas responsabilidades son las siguientes:

- *El equipo coordinador* es responsable del proceso general de la jornada inicial.
- *El equipo de presentadores y facilitadores* es responsable de las diferentes sesiones.
- *El equipo de logística* es responsable de los salones, el horario, los alimentos y todo aquello relacionado con el orden.
- *El equipo de ambientación* es responsable de la hospitalidad, las dinámicas y las canciones.
- *El equipo de liturgia* es responsable de la oración y las celebraciones litúrgicas.
- *El equipo de evaluación* es responsable de suministrar y analizar las evaluaciones.

Es importante que *todos* los jóvenes que participarán en la jornada inicial sean parte de un equipo de servicio. Una vez formados los equipos, cada uno elige a un coordinador/a responsable de guiar a los demás en la elaboración de un plan de trabajo; de cerciorarse de que cada quien prepare lo que le corresponde, y de cuidar que todos tengan un rol activo durante la jornada.

3. Preparación de los equipos de servicio. Cada equipo realiza las reuniones necesarias para preparar el servicio que prestará durante la jornada inicial, según su plan de trabajo.

4. Reunión de coordinación. Una semana antes de que la jornada inicial se realice, se tiene una reunión para coordinar a los equipos de servicio y hacer los ajustes necesarios al programa. A esta reunión deben asistir el equipo coordinador y los coordinadores de los equipos de servicio.

Sesión 1: Creados para vivir en alianza con Dios

A. Dinámica: Realización de un contrato

1. Pedir a los participantes formar un número par de grupos compuestos de tres o cuatro personas. Cada grupo se organiza para fundar una sociedad comercial poniéndose de acuerdo en el tipo de negocio y la naturaleza de la misma. Escribir esta información en el acta constitutiva de la sociedad.

2. Cada grupo de socios busca a otro grupo, para formar con él algún tipo de sociedad comercial. Ambos grupos entran en negociaciones. Juntos definen en qué consistirá su negocio y las condiciones en que lo llevarán a cabo. Cierran la operación firmando un contrato.

3. Reflexionar sobre la dinámica, y responder a las siguientes preguntas:
- ¿Cuáles son los elementos esenciales de un contrato?
- ¿Qué se necesita para que un contrato sea válido y dé los resultados esperados?
- ¿Qué pasa cuando uno de los contrayentes rompe el contrato?, ¿qué se necesita hacer para reestablecerlo?

B. Círculo bíblico: Naturaleza de nuestra alianza con Dios

La reflexión sobre los primeros capítulos del Génesis ayudará a los jóvenes a comprender la naturaleza de la alianza de Dios con la humanidad. La Biblia presenta dos relatos de la creación, provenientes de dos tradiciones diferentes (ver el documento 1, "Cómo y Para Qué Se Escribió la Biblia", páginas 162–169). El primer capítulo del Génesis es un relato solemne en forma de himno; presenta la creación realizada en una semana y a Dios actuando con majestad a través de su palabra grandiosa y todopoderosa. El segundo relato, en el segundo capítulo del Génesis, versículos 4–25, narra los hechos al estilo de una historia popular.

En los mismos grupos en que se llevó a cabo la dinámica del contrato, hacer lo siguiente:

1. Leer y analizar el capítulo 1 del Génesis y Génesis 2, 4–25, para contestar las preguntas en la página 21:

Acta Constitutiva de la Sociedad Comercial X

Nosotros:_____, _____,

_____ y _____,

en virtud de las firmas al calce, declaramos
haber constituido una sociedad comercial
bajo las siguientes condiciones:

1.

2.

3.

Firma:_____ Firma:_____

Firma: _____ Firma:_____

Fecha: _____

- ¿Qué cualidades de Dios revelan estos textos?
- ¿Qué buscó Dios al crear el universo y la pareja humana?
- ¿Cómo se relaciona la pareja humana con las cosas creadas por Dios?

2. Leer el capítulo 3 del Génesis; en él se relata la expulsión de Adán y Eva del paraíso debido a su pecado. El paraíso simboliza el estado ideal para el que fue creado el ser humano. El pecado consiste en romper la alianza de amor entre Dios y las personas, y trae consecuencias de dolor, enfermedad y muerte.

- Analizar el capítulo 3 del Génesis, para visualizar en qué consiste vivir en alianza con Dios.
- Escribir algunas frases cortas, basadas en la lectura del texto, que muestren lo que significaría vivir en el paraíso hoy día.

3. El capítulo 4 del Génesis muestra cómo el pecado rompe la relación de hermandad entre las personas, dando como ejemplo la historia de Caín que mata a su hermano Abel. Los capítulos 6 al 9 relatan cómo, al ver el mal que existe entre las personas, Dios decide restablecer la alianza. Los relatos del diluvio, la salvación de Noé, y las promesas que Dios le hizo —presentadas en forma de historia— expresan la convicción de que Dios restaura la alianza mediante personas que se mantuvieron fieles a su plan de amor.

Leer Génesis 6, 5–8, 17–19; 8, 14–22; 9, 1–3, 8–17.

C. Comparación entre la alianza de Dios con nosotros, y los contratos entre personas

Comparar y contrastar los contratos ejecutados por las personas con la alianza que Dios hace con nosotros; observar los siguientes puntos:

- ¿Qué circunstancias históricas llevan a realizar un contrato y a establecer la alianza?
- ¿Quiénes son los contrayentes en uno y en otro caso?
- ¿Cuál es el objetivo de un contrato y cuál el de la alianza?
- ¿Dé que tipo son los compromisos de ambas partes en un contrato y de qué tipo son en la alianza?
- ¿Qué similitudes y diferencias hay en los documentos escritos utilizados en uno y en otro caso?
- ¿Cómo se formaliza un contrato y cómo la alianza?
- ¿Cuáles son las razones que pueden ocasionar la ruptura del contrato o de la alianza?
- ¿A través de qué medios se puede renovar un contrato o restaurar la alianza?

Sesión 2: La línea de nuestra vida

En esta sesión trataremos de conocernos mejor a nosotros mismos mediante una reflexión personal. Después compartiremos algunos aspectos de nuestra experiencia personal, para tomar conciencia de quiénes somos como pueblo **hispano** o **latino** joven, en Estados Unidos y como miembros del pueblo de Dios.

Preparación: Llevar hojas tamaño cartulina o cartulinas con las siguientes etapas escritas como encabezado: infancia, adolescencia y **juventud;** también llevar plumones de color rojo, verde, negro, amarillo, café y azul.

A. Reflexión personal

1. Crear un cuadro similar al que se presenta en la página 23 y dibujar una línea continua que represente sus experiencias de vida. Empezar con su infancia y continuar hasta la presente etapa de su vida. Usar los siguientes signos:
- *una línea hacia arriba* para indicar temporadas u ocasiones concretas de alegría, felicidad o el alcance de una meta;
- *una línea hacia abajo* para indicar temporadas o momentos difíciles, de fracaso o de desilusiones;
- *una línea horizontal* para indicar temporadas sin significado especial;
- *símbolos* para representar triunfos, ilusiones, esperanzas, tragedias y tristezas. Por ejemplo, se puede usar una cruz para indicar la muerte de un ser querido; una isla para significar soledad o aislamiento; una vela para representar esperanza.

2. En el mismo cuadro escribe unas palabras clave que expresen lo que ha pasado en las distintas etapas de tu vida. Usar las siguientes preguntas como guía.
- ¿Quiénes fueron las personas más significativas en cada etapa de tu vida?
- ¿Cuáles eran tus valores más importantes en cada etapa?, ¿cómo han cambiado éstos a través del tiempo?, ¿por qué han cambiado?
- ¿Qué experiencias impactaron más tu vida?, ¿fueron impactos positivos o negativos?, ¿cómo los manejaste?
- ¿Cómo era tu relación con Dios en cada etapa?, ¿cómo es tu relación ahora?

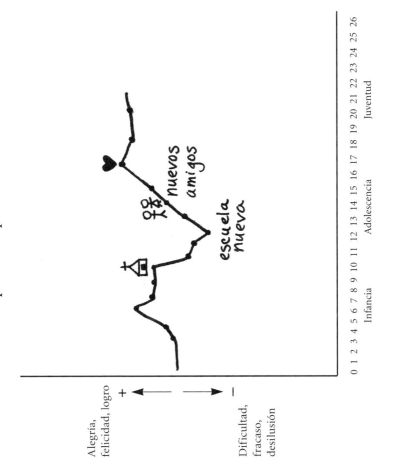

- ¿Qué actitudes y conductas podrían caracterizar tu relación con otras personas durante cada etapa?

B. Reflexión comunitaria

1. Cada participante dibujará tres símbolos de los momentos más significativos de su vida en las hojas tamaño cartulina preparadas especialmente para que *todos* los jóvenes las usen; dichas hojas estarán en la pared. Previamente decidirán qué etapas de su vida quieren representar y cuáles símbolos, de los representados a continuación, utilizarán:

un corazón rojo representa momentos de fortaleza o etapas de amor o felicidad

 una carita sonriente verde representa situaciones o temporadas de ilusiones y esperanzas

 una carita triste negra representa hechos o temporadas de problemas

 una cruz amarilla representa hechos o temporadas de penas o sufrimientos

 un remolino café representa una crisis que te apartó de Dios

 una flecha azul hacia arriba representa una conversión que te aceró a Dios

2. Cada joven dibuja en las hojas tamaño cartulina los símbolos que escogió. Después, en grupos de tres o cuatro, compartir los símbolos dibujados y explicar su significado en la vida de cada uno de ellos, si así lo desean.

3. Todos observan los dibujos de los otros. Después de un tiempo razonable, se abre un foro para que varios jóvenes expresen los siguiente puntos:

• su experiencia personal al hacer la reflexión;
• sus observaciones sobre los símbolos dibujados en los papeles y lo que compartieron sus compañeros;
• las implicaciones de haber tomado conciencia sobre estos aspectos de su vida personal y de la vida de los otros jóvenes.

Sesión 3: Visualizamos nuestro futuro como adultos

Aunque la mayoría de los jóvenes que participan en pequeñas comunidades son adultos, la vida adulta abarca suficiente tiempo para que todos puedan considerarla como parte del futuro. Es importante imaginar lo que se quiere ser y cómo se desea vivir la vida adulta. De la articulación e integración de estos ideales depende, en gran medida, la dirección que demos a nuestra vida actual. Identificaremos estos ideales, visualizando nuestra vida cuando tengamos cuarenta años, por medio de una entrevista.

A. Entrevista

Formar parejas, preferentemente de jóvenes que no se conocen. Las parejas se turnan el rol de entrevistador. Más adelante hay preguntas que pueden servir de guía para la entrevista, pero hay que sentirse con libertad para cambiar o añadir preguntas.

Cada entrevistador toma nota de las respuestas de su pareja y escribe un párrafo en el que describe lo que percibió de él o ella. Al final ambos intercambian el párrafo y dialogan sobre lo escrito.

Guía para las entrevistas

Iniciar la entrevista recordando que este diálogo sucede cuando los dos tienen cuarenta años.

- ¿Cómo te sientes después de haber vivido en Estados Unidos tantos años?
- En los últimos veinte años, ¿cuáles han sido tus logros personales más significativos?, ¿cuáles desde la perspectiva de tu trabajo?
- ¿En qué aspectos de tu personalidad tuviste que trabajar más arduamente para llegar a ser la persona madura que eres hoy día?
- ¿Qué contribuciones has hecho a la sociedad?
- ¿De qué manera te ha ayudado en la vida tu fe en Cristo?
- ¿Cómo te ha ayudado tu participación en la iglesia católica para ser quién eres?

B. Reflexión personal

- Corrige o complementa la descripción que hizo tu compañero/a de ti, como una persona de cuarenta años.
- Anota tres cosas sobre tu vida que ves con más claridad como resultado de la entrevista.
- Identifica qué actitudes, aptitudes y cualidades necesitas desarrollar para orientar tu vida hacia el fin para el que piensas Dios te creó.

Sesión 4: Personas con una vida plena

En esta sesión representaremos, por medio de sociodramas, a varias personas que se han realizado, y que pueden servir como modelo para nuestra vida. Los sociodramas pueden presentarse durante un alimento, como si fuera teatro–restorán.

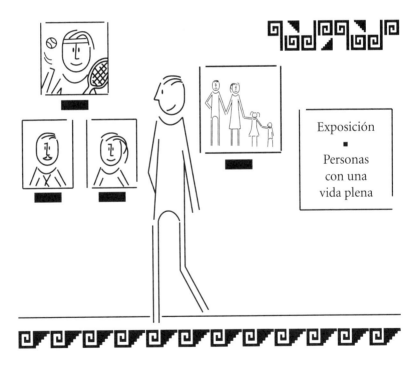

Exposición

Personas con una vida plena

A. Preparación de los sociodramas

1. Formar tres o cuatro grupos. Cada miembro del grupo describe a una persona que admira y que considera que se ha desarrollado académica y emocionalmente.

2. El grupo escoge a una de las personas descritas para presentarla en el sociodrama. La persona que la conoce hace de actor principal; los otros jóvenes ayudan en el sociodrama.

3. Preparar el sociodrama con una duración de 10 a 15 minutos, mostrando algunos atributos o aspectos de la persona descrita. Cerciorarse de que todos los jóvenes en el grupo participen.

B. Presentación de los sociodramas (durante algún alimento)

Sesión 5: Celebración litúrgica

Preparación: Llevar una Biblia, una vela, cerillos o fósforos, una cruz o crucifijo, utensilios de arcilla o barro (ollas, jarros, vasijas), un trozo de arcilla o plastilina para cada participante, y música de fondo para tocar durante la meditación.

A. Meditación

1. Colocar las sillas en círculo o semicírculo y poner en el centro un altar usando de mantel los papeles donde quedó reflejada la vida de los jóvenes. Poner sobre el altar la Biblia y los artículos indicados anteriormente. Pedir a una persona que prepare la lectura de Jeremías (18, 1–8).

2. Dar a cada joven un trozo de arcilla o plastilina e invitarlos a ofrecer a Dios su vida y su compromiso de promover su desarrollo personal. La persona que facilita la oración dirige la siguiente meditación leyéndola pausadamente.

> Después de reflexionar sobre nuestra historia personal y la manera como podemos crecer humana y cristianamente, nos encontramos reunidos para celebrar las maravillas que Dios ha hecho en nuestra vida. Pongámonos en su presencia y en actitud de oración, dejemos que su palabra hable a nuestro corazón.
> *Leer Jeremías 18, 1–8.*

Cierra los ojos y siente la arcilla en tus manos. Haz una pelota con ella. Esta arcilla es un símbolo de tu vida. Ofrécesela a Dios, pídele que te transforme y te dé vida nueva. Entrégale todo lo bueno y todo lo malo que te ha pasado y que hay en ti, para que haga con ello una nueva creación.

Empieza a moldear la arcilla de modo que refleje tu vida. Piensa en el acontecimiento más difícil de tu vida que hayas recordado hoy, y en qué tan cerca o lejos sentiste a Dios en esos momentos... moldea la figura según te hayas sentido: quizá derrotado, desilusionado, enojado, sin poder, sin dirección... Deja que tus sentimientos negativos se reflejen en la arcilla y ofrece esa experiencia a Dios para que te sane.

Ahora recuerda el momento más feliz de tu vida, moldea la figura según te hayas sentido: con ilusión, rebosante de amor, lleno de vida... Piensa qué tan presente estuvo Dios en esos momentos... Deja que tus sentimientos de gratitud hacia Dios inunden tu espíritu... Ofrécele tu gratitud.

Ahora piensa en tu vida presente, ¿cómo te sientes en esta etapa de tu vida? Moldéate a ti mismo; proyecta en la arcilla lo que te está pasando ahora; dale forma según tu situación actual..., expresa lo positivo que hay en tu vida..., los desafíos que debes de enfrentar..., los aspectos difíciles o dolorosos..., tus ideales y esperanzas... Regresa a los momentos o sentimientos más significativos para ti durante esta meditación y trabaja sobre ellos otro rato. Reflexiona sobre lo que anhelas o te preocupa, ponlo en las manos de Dios.

Piensa en tu futuro ¿qué quisieras hacer de ti?, ¿qué gracias le quieres pedir a Dios? Entrégale tu futuro... Asume tu responsabilidad ¿qué necesitas hacer?, ¿qué hábitos y actitudes tienes que cambiar...?, ¿qué dones debes desarrollar...? Visualízate caminando de la mano de Dios, capta su fuerza y su amor, y confía en que te ayudará a desarrollarte plenamente como su hijo o su hija... Siéntete tranquilo y feliz. Dios está con cada uno de nosotros. Amén.

B. Procesión de ofertorio

Después de unos momentos de silencio, invitar a que los jóvenes coloquen sus figuras de arcilla al pie de la cruz o crucifijo, como símbolo de que entregan su vida a Dios para que la transforme en una nueva creación. Mientras pasan, una persona lee despacio y con devoción el Salmo 139: "Señor, tú me examinas y me conoces..."

C. Canto final

Terminar con un canto de ofrecimiento o que exprese confianza en Dios.

Sesión 6: Evaluación

Para hacer la evaluación escrita, usar la forma diseñada para ello, que se encuentra en el apéndice 1, "Formas de Evaluación", páginas 180–181. Esta forma puede ser fotocopiada y duplicada. Dar a los jóvenes veinte minutos para llenarla. Después, facilitar una sesión de veinticinco minutos para conversar sobre las preguntas abiertas.

Reuniones de Comunidad

Todos los miembros de una pequeña comunidad son responsables de la vida de ésta. El animador o animadora cultiva el espíritu comunitario y la corresponsabilidad de los miembros, los motiva a seguir adelante y apoya a la comunidad en su jornada de fe. Cada reunión debe tener un **coordinador** o **coordinadora** que organice y mantenga el orden de la reunión, y pida a dos jóvenes de la comunidad que sirvan como **facilitadores:** uno para las reflexiones, y, el otro para la oración. Las funciones de coordinación y facilitación se rotan entre todos los miembros de la comunidad como una expresión de su compromiso con ella. Para comprender mejor estos roles referirse al documento 2, "Roles en las pequeñas comunidades de jóvenes", en *El modelo Profetas de Esperanza*.

Cada reunión del presente libro se centra en un tema para ser desarrollado en una o más reuniones. Si se desea, es posible dividir una reunión en dos: la oración de apertura, la experiencia de vida y una orientación en una sesión, la otra segunda orientación y la celebración de fe en la otra. También puede dejarse parte del tema para ser tratado posteriormente con más profundidad. Si el tema se desarrolla en varias reuniones, el coordinador/a puede pedir al facilitador/a que prepare una oración para el inicio y el final de la reunión.

Metodología de las reuniones

Las reuniones siguen una metodología donde *todos* los miembros de la pequeña comunidad dialogan y participan activamente. Los componentes que estructuran la mayoría de las reuniones y que fomentan esta participación se describen en las siguientes páginas.

Oración de apertura

El objetivo de la oración de apertura es ayudar a que los jóvenes se pongan en presencia de Dios para pedirle les ayude a vivir el Evangelio. En cada reunión se ofrece una guía para comenzar la oración, la cual debe ser seguida por la oración espontánea de los miembros de la comunidad que deseen orar por una intención especial.

La persona que facilita la oración debe prepararse estudiando y orando sobre el texto bíblico y el contenido de la reunión. Durante la oración, dicha persona fomenta la oración espontánea de los miembros de la comunidad. Para ayudar a crear un ambiente de oración, se puede tocar música de meditación y llevar objetos relacionados con el tema del día, como fotos, flores u otros símbolos.

Experiencia de vida

La experiencia de vida de los jóvenes es el punto de partida para sus reflexiones. Los ayuda a asimilar el mensaje de la reunión y a ver claramente la relación entre su fe y su vida. Consiste en una actividad que crea una vivencia común entre los jóvenes, los ayuda a entender mejor su realidad o un concepto en particular del Evangelio.

Iluminación para la acción

La iluminación para la acción se realiza mediante dos o tres orientaciones sobre distintos aspectos de la vida diaria o la vida de fe de los jóvenes. Cada orientación tiene ejercicios de reflexión para profundizar en la fe y preguntas que guían la praxis cristiana de la comunidad. Las orientaciones pueden ser presentadas por una persona, leídas en silencio por los miembros de la comunidad, o leídas en voz alta por una persona a toda la comunidad.

Celebración de nuestra fe

La celebración de nuestra fe permite que los jóvenes encarnen la fe en su vida, ayudándoles a nutrir con la oración, la semilla sembrada por Dios en su mente y en su corazón. También ofrece diferentes tipos de oración y hace uso de símbolos, ritos y cantos. Además, preve un tiempo de oración en silencio para que cada joven medite sobre el mensaje recibido en la reunión y lo escriba en los márgenes de su libro o en un diario destinado para este propósito. Estas notas son clave para el proceso de formación en la fe, y el crecimiento espiritual que promueve la serie Forjadores de Esperanza.

Preparación de las reuniones

Es importante que los coordinadores y los facilitadores se preparen con anticipación. Los siguientes aspectos han de incluirse en dicha preparación:

- *estudiar el tema* de la reunión que corresponde y adaptar el material, si así se requiere, para que responda más directamente a las necesidades de la comunidad;
- *orar por la reunión* para que el Espíritu Santo los guíe en su preparación y liderazgo;
- *preparar el material* necesario para las dinámicas de grupo, los ejercicios de reflexión, u otras cuestiones que requieran preparación previa;
- *preparar la celebración de nuestra fe* al llevar lo necesario para crear el ambiente de oración, incluyendo la selección y preparación de la música y los símbolos;
- *coordinar la reunión de facilitación* para que cada facilitador/a esté familiarizado con la parte que le corresponde.

Evaluación y celebración de cada ciclo de reuniones

Se recomienda que cada ciclo de reuniones se evalúe al término de éste, en una reunión dedicada para ello. El apéndice 1, "Formas de Evaluación", páginas 182–183 y 186–187, tiene formas diseñadas para cada ciclo. Estas formas pueden ser fotocopiadas para facilitar la recolección y el análisis de los datos. Conviene asignar media hora para llenar la forma de evaluación escrita y después facilitar media hora para el diálogo sobre las preguntas abiertas.

Todo proceso de evaluación es una oportunidad de crecimiento que se puede aprovechar con la gracia de Dios y el apoyo mutuo. Para lograr una buena evaluación, hay que tener una actitud crítica y positiva. Primero se identifican las áreas en que la comunidad va bien o está mejorando; después se identifican las áreas que requieren ser mejoradas, y por último se identifican los desafíos que la comunidad desea superar a corto plazo.

Se recomienda que el día de la evaluación, la comunidad celebre el término de ese ciclo de reuniones. Esto puede hacerse con una convivencia especial o con una actividad de esparcimiento, como salir a comer a un restorán, ir al cine o tener un día de campo.

Creados a Imagen y Semejanza de Dios

Y creó Dios a los seres humanos a su imagen; a imagen de Dios los creó; varón y mujer los creó. Y los bendijo Dios diciéndoles:

"Crezcan y multiplíquense; llenen la tierra y sométanla; dominen sobre los peces del mar, las aves del cielo y todos los animales que se mueven por la tierra".

—Génesis 1, 27–28

Esquema

Objetivos

- Reflexionar sobre lo que significa ser persona.
- Tomar conciencia de que la alianza con Dios se vive en comunidad con el prójmo.

Plan de la reunión

Oración de apertura

Experiencia de vida: Descubrimos quiénes somos

Iluminación para la acción
Orientación 1: ¿Qué significa ser persona?
Orientación 2: El plan de Dios para la humanidad

Celebración de nuestra fe: Demos gracias a Dios

Empecemos con una oración

Pongámonos en presencia de Dios y en silencio pidámosle que nos ayude en este nuevo ciclo de reuniones de nuestra pequeña comunidad. En ellas profundizaremos lo que significa haber sido creados a imagen y semejanza de Dios, y vivir en alianza con él y con nuestros semejantes.

Dios está aquí para fortalecer su alianza con cada uno de nosotros. Ofrezcámosle nuestra vida y pidámosle la venida del Espíritu Santo. Todos están invitados a compartir cualquier oración que deseen hacer.

Experiencia de vida: Descubrimos quiénes somos

Empezaremos la reunión con una meditación que nos ayudará a descubrir más sobre nosotros mismos y a dialogar mejor con Dios. La persona que facilita invita a los jóvenes a ponerse cómodos y les explica lo que va a suceder. Con música de fondo, lee la meditación con voz tranquila y agradable, haciendo una pausa entre cada párrafo.

- Escucha tu respiración. Siente como entra el aire en ti. Cada vez que el aire sale de ti, piensa en tu nombre y repítelo mentalmente.
- Escucha el palpitar de tu corazón, siente la sangre corriendo por tu cuerpo. Piensa en el amor y el afecto que eres capaz de dar y también de recibir.
- Recorre cada parte de tu cuerpo mentalmente, empezando por tus pies..., tus piernas..., tu estómago..., tus brazos..., tus manos..., tu

pecho..., tu cabeza..., tus ojos..., tu boca... Da gracias a Dios por cada una de estas partes, y por todo tu organismo.

- Piensa en ti como mujer o como varón. Alaba a Dios por la belleza de tu sexo. Piensa en todos tus dones y cualidades como persona... y en cómo ellos te permiten colaborar en la creación de Dios, y en su plan de salvación.

- Céntrate de nuevo en tu cabeza y aprecia tu deseo y tu capacidad de conocer, reflexionar y analizar. Ahora, siente lo apasionado de tu corazón y aprecia tu deseo y tu capacidad de amar y también de ser amado.

- Repite en silencio: "esta persona, con deseos y capacidades, soy yo. No vivo solo, sino con otros que quizá tienen deseos y habilidades similares a los míos".

- Existimos en medio de mucha gente, en un mundo inmenso, a veces sentimos que nos perdemos y no sabemos bien quiénes somos.

- En este mundo existen también muchos animales, plantas, ríos, montañas y valles. Piensa en un paisaje donde estés a gusto, quizás a la orilla del mar..., en la cima de una montaña..., en medio del bosque..., junto a un río... Sitúate mentalmente allí y relájate mientras disfrutas el momento.

- ¿Qué ves...?, ¿quiénes te gustaría que estuvieran a tu lado...?, ¿qué quisieras que te dijeran...?, ¿qué les quisieras decir tú?

- Ve su rostro..., y la forma en que te miran. Siente su cariño. ¿Cómo te hacen sentir...?, ¿cómo haces sentir tú a esas personas...?, ¿qué te piden...?, ¿qué te ofrecen?

- Descansa..., escucha la música..., respira profundo, una..., dos..., tres veces. Vuelve a repetir tu respiración profunda. Al dejar salir el aire, repite tu nombre en silencio.
- Eres una persona única e irrepetible. Dios no ha hecho a nadie igual a ti... Nadie es como tú..., tú eres tú... Solamente tú, creado a imagen y semejanza de Dios.
- En medio de esta comunidad..., entre las personas que te aman..., de toda la gente que te rodea..., tú resaltas. Eres diferente. Tienes una historia en particular..., ideales, pensamientos y sentimientos propios... Eres dueño de tu vida. Nadie te puede quitar tu libertad para ser tú mismo.
- Vuelves a quedarte solo. ¿Estás en paz...? Descansa. Relaja tus músculos ... Dios está contigo..., Dios te da vida..., te ama..., te habla al oído... ¿Qué te dice...?, ¿quién eres tú para Dios...?, ¿quién es Dios en tu vida?
- Ponte delante de Dios, tu creador y el creador de todo el universo. Detente y mírate en sus ojos. ¿Quién eres tú?
- ¿Qué quiere decirte Dios? ¿Para qué te llama?
- ¿Qué quieres pedirle? ¿Qué quieres ofrecerle?
- Escucha la música... Regocíjate en la persona maravillosa que eres... Da gracias por tu vida y por las personas importantes para ti.
- Respira profundamente. Di tu nombre en silencio. Piensa en dónde estás... Piensa en que los otros jóvenes aquí reunidos son tus compañeros de la gran jornada y aventura de ser tú..., de ser importante..., de ser cada día mejor.
- Abre tus ojos, y ve a tus compañeros. Siente lo que significa el estar juntos. Levántate lentamente. Tómense de la mano para formar un círculo.
- Piensa en tu individualidad... Pero aún en tu individualidad estás acompañado, porque Dios nos creó como seres comunitarios.
- En este espíritu de comunidad, compartir la experiencia de esta meditación.

Reflexión

1. En grupos de cuatro, compartir sus respuestas a las siguientes preguntas:
- ¿Cómo se sintieron durante la meditación?, ¿qué momento recuerdan con más intensidad?
- ¿Qué aprendieron sobre ustedes mismos?

2. Compartir con toda la comunidad sus respuestas a la siguiente pregunta:
• ¿Qué nuevos horizontes les abrió esta meditación?

Iluminación para la acción

La meditación nos ayudó a descubrir algo más sobre nosotros. A través de las orientaciones, profundizaremos sobre algunos aspectos de la naturaleza humana.

Orientación 1: ¿Qué significa ser persona?

Ser persona es tener la capacidad de soñar y cuestionar, gozar y sufrir, reír y llorar; es poder estar en contacto consigo mismo en el silencio de nuestro corazón, y poder relacionarnos con otras personas y con otros seres creados por Dios. Ser persona es tener poder para crear y transformar, destruir y corromper; es poder amar y sufrir por falta de amor; es conocer e ignorar. Las personas tenemos una capacidad casi infinita para el bien y el mal. Las respuestas que demos a las siguientes preguntas sobre nuestra existencia influyen profundamente en la manera como usemos este potencial:
• ¿Quién soy yo?
• ¿Para qué o con qué propósito nací?
• ¿Quién quiero llegar a ser?
• ¿Qué sentido tiene mi vida?
• ¿Qué sentido tienen las vidas de las personas que me rodean?
• ¿Qué significado tiene Dios en mi vida?

Muchos jóvenes se hacen estas preguntas sólo cuando están en situaciones que no comprenden o que les causan dolor. Sin embargo, lo que pensamos y sentimos, y el cómo actuamos en relación a nosotros mismos y a otras personas, depende, en gran medida, de cómo las respondemos. Para encontrar respuestas que nos satisfagan, necesitamos ver nuestras experiencias y reflexionar sobre ellas consciente y claramente.

Reflexión
• Reflexiona sobre las seis preguntas anteriores. Escoge la más importante en esta etapa de tu vida y respóndela brevemente por escrito.

- Compartir la reflexión personal en grupos de tres; explicar porqué eligieron esa pregunta y cómo la respondieron.

Llamados a vivir el Evangelio

¿A qué tipo de acción estamos llamados como miembros de la comunidad, al haber tomado más conciencia del significado de nuestra existencia humana?

Orientación 2: El plan de Dios para la humanidad

El plan de Dios es que los seres humanos vivamos como hermanos y hermanas. Todos fuimos creados, nacimos y tenemos vida porque Dios nos ama. Dios nos creó a su imagen y semejanza como fruto de su amor, y nos llama a vivir en alianza con él y con nuestros semejantes. La vida de cada persona es parte de este plan de Dios.

Después de la vida, los dones más grandes que Dios nos ha dado, son: libertad, sentido de justicia, capacidad de amar, de pensar y de decidir. De cómo usamos estos dones depende nuestra felicidad y la de quienes conviven con nosotros.

- *El plan de Dios es que tengamos libertad.* En la medida en que seamos libres, podremos elegir el bien, buscar la justicia, y decidir de acuerdo a la voluntad de Dios.
- *El plan de Dios es que tengamos un sentido de justicia.* Para que busquemos el bien común con una opción preferencial por los pobres, los marginados y los oprimidos.
- *El plan de Dios es que nos amemos a nosotros mismos y a los demás.* Si nos amamos a nosotros mismos y a los demás, la sociedad funcionará con justicia y paz.
- *El plan de Dios es que usemos nuestra capacidad para conocer y razonar.* Si descubrimos la verdad sobre Dios, sobre nosotros mismos y sobre el mundo, encontraremos la felicidad.
- *El plan de Dios es que vivamos en armonía.* Si vivimos en armonía en relación con Dios y con nuestros semejantes, creceremos como personas.

Ser persona supone la capacidad de vivir en relación con Dios, con las personas, con el mundo que nos rodea, y con nosotros mismos. Como cristianos vivimos en comunión de amor con la Santísima Trinidad —con el Padre, como sus hijos e hijas; con Jesús, como sus discípulos y discípulas; y con el Espíritu Santo, como la fuente de

todo amor y verdad—. Esta participación en el amor de Dios nos ayuda a relacionarnos:

- con nosotros mismos, como personas de gran dignidad con un proyecto de vida maravilloso;
- con los demás, como hermanos y hermanas, hijos e hijas del mismo Dios;
- con la naturaleza y los bienes producidos, como encargados de cuidarlos y usarlos para el bien de toda la humanidad.

Lo que somos y lo que no somos

Somos "la cumbre" de la creación,
con gran responsabilidad sobre nosotros mismos,
y sobre el resto de la creación.
Fuimos creados para ser hermanas y hermanos entre nosotros,
para colaborar con Dios en su obra creadora,
y para compartir los bienes de la creación.
No somos semidioses ni dueños del universo.

Somos hijos e hijas de Dios,
dignos de ser valorados y respetados.
Fuimos creados con gran dignidad,
de la que estamos orgullosos, y a la que defenderemos.
No somos insignificantes ni inferiores a otras personas.

Somos seres trascendentes,
con un alma o centro vital,
que nos permite amar a Dios y a los demás.
Fuimos creados para vivir una vida espiritual.
No somos robots, dependientes sólo de lo material o de la
    tecnología.

Somos libres,
con libertad para amar y elegir
cómo queremos ser, y qué queremos hacer.
Fuimos creados como sujetos de la historia,
para construir una sociedad de amor, justicia y paz.
No somos objetos ni permitimos que nos manipulen.

Somos parte de un pueblo.
Nacimos en una nación, cultura y era específica.
Fuimos creados para vivir con otras personas,
y en solidaridad con toda la humanidad.
No somos seres aislados, marginados ni guiados por el egoísmo.

Reflexión

- ¿Qué dice este poema sobre la dignidad humana? ¿Qué necesitamos hacer, como cristianos, para vivir de acuerdo al plan de Dios?
- ¿Qué implica en nuestra vida el ser libres? ¿Cómo podemos hacer mejor uso de nuestra libertad para vivir en alianza con Dios y con los demás?
- ¿Qué experiencias tienden a vivirse en aislamiento, motivadas por el egoísmo? ¿Cuáles son muestras de solidaridad a otros?

Llamados a vivir el Evangelio

¿En qué aspectos urge que, como miembros de la comunidad, cambiemos nuestra manera de ser y de actuar para que podamos vivir según el plan de Dios? Identificar varios cambios necesarios mediante una lluvia de ideas. Después, decidir uno o dos cambios que nos proprondremos lograr.

Celebración de nuestra fe: Demos gracias a Dios

1. Hemos reflexionado sobre la grandeza y la responsabilidad que significa ser persona. Ahora, entre todos, vamos a componer un salmo, para rezarlo después como comunidad. Los salmos son cantos de origen bíblico compuestos de estrofas cortas. En el paso 4 se presentan varios inicios de estrofas para ser completadas con la colaboración de un compañero.

Formar parejas y asignar a cada una, una estrofa para completar. Si no hay suficientes estrofas se vuelven a asignar, empezando con la primera.

2. Cada pareja escribe su estrofa en un papel grande de manera que todos la puedan leer. Después se pegan todas las estrofas en la pared para completar el salmo.

3. Frente a la pared poner un altar con una vela y la Biblia. Cuando esté listo, la persona que facilita empieza la oración invitando a los jóvenes a ponerse en la presencia de Dios. El salmo se reza dividiendo a la comunidad en dos coros —izquierdo y derecho—; cada coro recita alternativamente las estrofas escritas por los jóvenes.

4. Orar con el siguiente salmo:

Facilitador/a
Padre nuestro, estamos orgullosos
y agradecidos por ser hijos e hijas tuyos.
Te alabamos, te bendecimos, y te damos gracias
por la vida que nos das.

Izquierdo
Señor, dador de vida, te agradecemos porque...

Derecho
Queremos alabarte porque...

Izquierdo
Te bendecimos porque...

Derecho
Imploramos tu ayuda para que...

Izquierdo
Nos ponemos en tus manos para que...

Derecho
Queremos ser una comunidad que...

Izquierdo
Bendícenos para que podamos...

Derecho
Necesitamos una gracia especial para...

Izquierdo
Recuerda a todos los jóvenes que...

Derecho
Te pedimos por todos los jóvenes que...

Facilitador/a
Has hablado a nuestro corazón,
y hemos escuchado tu voz.
Ayúdanos a responder a tu amor
y a ser cada día mejores personas. Amén.

Tener unos minutos de silencio para escuchar lo que Dios quiere decir a cada quien, a la luz del mensaje de esta reunión. Escribir en su libro o diario algunas frases que les ayuden a recordar estas palabras de Dios.

Terminar con un abrazo u ofrecerse el signo de la paz, para celebrar la grandeza de ser personas, y la oportunidad de crecer y desarrollarse.

Nuestra Dignidad y Valor como Personas

Bendito sea Dios,
Padre de nuestro Señor Jesucristo,
que desde lo alto del cielo
nos ha bendecido en Cristo
con toda clase de bienes espirituales...
Movido por su amor,
[Dios] nos destinó de antemano,
por decisión gratuita de su voluntad,
a ser adoptados como hijos suyos
por medio de Jesucristo.

—Efesios 1, 3–5

Esquema

Objetivos

- Descubrir alguna manera de fortalecer nuestra autoestima.
- Reconocer que nuestro valor como personas está fundamentado en Dios.
- Tomar conciencia de lo que nos ayuda o impide autovalorarnos.

Plan de la reunión

Oración de apertura

Experiencia de vida: Me jalonean por todos lados

Iluminación para la acción
Orientación 1: Cómo fortalecer la autoestima
Orientación 2: Superación de prejuicios y estereotipos
Orientación 3: Jesús y María nos enseñan a valorarnos

Celebración de nuestra fe: Entrega y liberación

Empecemos con una oración

En la reunión anterior reflexionamos sobre nuestra semejanza con Dios y sobre nuestra naturaleza como seres comunitarios llamados a vivir en alianza con Dios y con nuestros semejantes. Hoy veremos cómo se fundamenta en Dios nuestro valor y dignidad como personas. Empecemos rezando el Salmo 8. Todos responden: "Qué admirable es tu nombre en toda la tierra".

• Rezar el salmo responsorial. Repetirlo después de cada estrofa. Los jóvenes se turnan para rezar las estrofas.

• Después se abre la oración para que los jóvenes, que así lo deseen, agreguen sus oraciones espontáneas.

Experiencia de vida: Me jalonean por todos lados

Preparación: El facilitador/a pide con anterioridad a tres jóvenes que preparen el sociodrama.

La escena empieza con tres jóvenes que están de pie. La persona del centro es tomada de la mano por las otras dos. La persona del centro será jaloneada alternativamente desde cada lado, al tiempo que se le dicen cosas negativas o positivas sobre ella, la juventud en general, los hispanos o su cultura. La persona del lado izquierdo dirá cosas negativas, mientras le jala hacia abajo el brazo de manera exagerada. La persona de la derecha dirá cosas positivas, mientras le jala el brazo hacia arriba. Los "jalones" deben ser dados con cuidado, pero no hay que llevar un patrón uniforme; algunas veces dos cosas positivas o negativas pueden ser dichas consecutivamente, de modo que el brazo sea jalado dos veces en la misma dirección. Los siguientes son algunos ejemplos de ideas positivas y negativas:

Ideas negativas	Ideas positivas
Los hispanos son muy flojos	Si te lo propones, lo lograrás
La juventud no vale nada	Tu amistad me hace bien
Ojalá fueras como tu hermano/a	El grupo te necesita
Los hispanos no saben nada y tienen mal gusto	La juventud hispana nos da esperanza y alegría

1. Realizar el sociodrama.

2. Reflexionar juntos sobre lo siguiente:
- ¿De qué manera se identifican con cada una de las personas en el sociodrama?
- Compartir algunas actitudes o acciones de personas que han tenido una influencia positiva sobre su autoestima, y de qué manera han ejercido esa influencia positiva en otras personas.
- Compartir algunas actitudes o acciones de personas que han tenido una influencia negativa sobre su autoestima y expresar cómo les ha afectado.

Iluminación para la acción

El sociodrama mostró cómo las personas influyen positiva o negativamente en la manera como nos vemos a nosotros mismos. Las siguientes orientaciones ayudarán a fundamentar nuestro valor en Dios y a desarrollar nuestra autoestima.

Orientación 1: Cómo fortalecer la autoestima

Valorarse a sí mismo es clave para el desarrollo personal, la participación en la sociedad y la colaboración en la construcción del Reino de Dios. La autoestima se fundamenta en la conciencia que tenemos del amor de Dios hacia nosotros, en nuestra propia aceptación y amor, y en el darse cuenta de que otras personas nos valoran por lo que somos. Para aumentar nuestra autoestima necesitamos amarnos, respetarnos, y tener confianza y seguridad en nosotros mismos. A continuación presentamos algunas reflexiones que pueden ayudarnos en este proceso:

1. *El amor a sí mismo.* El amor a sí mismo se basa en la experiencia de amar y ser amados. Cuando hemos recibido amor en nuestra familia es más fácil amar. Sin embargo, la carencia de amor en la familia no significa que no podemos aprender a amar, pues podemos encontrar el amor de Dios en la oración y en el amor de otras personas.

2. *El respeto a sí mismo.* El respeto a sí mismo proviene de la convicción interior de que somos hijos e hijas de Dios y, por lo tanto, esencialmente buenos. La atracción hacia el mal no altera nuestra esencia buena, sino que refleja nuestra libertad para actuar, y las limitaciones de nuestra naturaleza humana.

Cuando valoramos algo por ser bueno, auténtico, bello o útil, lo respetamos; cuando pensamos que es malo, falso, feo o inútil, lo desechamos. El amor y el respeto a uno mismo, hacen que cuidemos nuestra vida y no permitamos que otros nos dañen. En cambio, quienes tienen una imagen negativa sobre sí mismos, suelen menospreciarse o dejarse menospreciar; actúan de manera que niegan su propia dignidad; con frecuencia se dedican a buscar el placer sin importarles que son hijos e hijas de Dios, e incluso tratan de evadirse de la realidad mediante el uso de drogas.

3. La confianza en sí mismo. La confianza en sí mismo se desarrolla cuando reconocemos la habilidad para tomar decisiones correctas y llevarlas a cabo. La manera como trabaja la mente y el corazón es a la vez grandiosa y aterradora. Somos capaces de grandes logros y tenemos serias deficiencias. El reconocimiento de nuestro potencial y la aceptación de nuestras limitaciones nos da una visión balanceada de nuestro ser, libre de ilusiones exageradas y de un pesimismo derrotista.

4. La seguridad en sí mismo. La seguridad en sí mismo se demuestra al expresar con firmeza, claramente y sin temor nuestros ideales y necesidades; al luchar por alcanzar nuestras metas sin sentirnos derrotados por los obstáculos; al caminar con paso firme para satisfacer nuestras necesidades, y al desarrollar las habilidades y buscar los recursos necesarios, y así lograr nuestras metas e ideales.

Cuando nos autovaloramos podemos tratar a otros de igual a igual y recibir su crítica con espíritu positivo, aprovechándola para nuestro crecimiento personal. Además, la autoestima nos permite tener la iniciativa para alcanzar ideales y asumir responsabilidades; resolver conflictos y defender derechos; amar de una manera auténtica sin preocuparnos de complacer a otras personas y sin sacrificar nuestra cultura, personalidad, ideales, valores y desarrollo.

Reflexión

1. Formar cuatro grupos. Cada uno reflexiona sobre uno de los cuatro elementos necesarios para crecer en autoestima —amor, respeto, confianza y seguridad en sí mismo—, y hace lo siguiente:
• Mencionar de qué manera les ha ayudado la pequeña comunidad a aumentar su autoestima.
• Compartir los principales desafíos que tienen para amarse, respetarse, y tener confianza y seguridad en sí mismos.

2. Cada grupo comparte su reflexión con toda la comunidad.

Llamados a vivir el Evangelio
• Identificar alguna manera de ayudarse para aumentar su autoestima a través del amor, respeto, confianza y seguridad en sí mismos.
• Identificar alguna manera de cómo podemos ayudar a otros jóvenes a aumentar su autoestima y comprometerse a hacerlo.

Orientación 2: Superación de prejuicios y estereotipos

Los prejuicios y estereotipos dificultan respetar, confiar y amar a las personas. Los *prejuicios* consisten en juzgar a otras personas o sus acciones ignorando las razones o circunstancias que explican su manera de actuar. Los *estereotipos* son conceptos que expresan una opinión simplificada, una actitud prejuiciada o un juicio poco objetivo sobre una persona o grupo social. En general los prejuicios y los estereotipos:
- nacen de percepciones que no corresponden objetivamente a la realidad;
- son racionalizaciones que apoyan posiciones ideológicas o antipatías personales;
- caracterizan a las personas según imágenes preconcebidas y las colocan en categorías fijas;
- representan mecanismos de defensa creados por personas e instituciones, para evadir o manipular la realidad, justificando sus actitudes y conductas, aunque dañen a otras personas.

Cuando los prejuicios afectan la imparcialidad de las leyes y otras estructuras sociales, se habla de prejuicios institucionalizados. Estos prejuicios pueden causar racismo, etnocentrismo, clasismo, sexismo, discriminación y marginación.

El *racismo* es la actitud de creer que una raza es superior a otras por razones genéticas. El *etnocentrismo* es la convicción de que un grupo étnico tiene más valor y más cualidades que otros grupos étnicos. El *clasismo* consiste en los prejuicios o discriminación hacia una persona o grupo basados en su pertenencia a una determinada clase social. El *sexismo* es el prejuicio o discriminación a causa del sexo. La *discriminación* es la diferenciación que se da en el trato a otras personas, por considerarlas inferiores. Sucede cuando se cataloga a las personas o pueblos según sus diferencias y, con base en esa catalogación, se ignoran sus derechos humanos o se les excluye de participar en un grupo social determinado. La *marginación* consiste en la falta de integración de personas, grupos sociales o comunidades en la vida de la sociedad en que viven.

Para vivir la alianza con Dios y con nuestros semejantes, necesitamos superar los efectos de las actitudes destructivas mencionadas anteriormente. Podemos hacer esto de la siguiente manera:
- al cultivar y desarrollar una mayor conciencia de ser hijas e hijos de Dios a través de la meditación del Evangelio;

- al hablar con personas de fe y dedicar tiempo a la oración personal y comunitaria;
- al tratar a toda persona como hermano y hermana, sin distinción de sexo, raza, nacionalidad, clase social o tradición religiosa;
- al analizar el poder destructivo de cada una de las actitudes presentadas previamente y sus efectos en nuestra vida y en la vida de los demás;
- al dialogar y colaborar con personas de grupos sociales o culturales diferentes al nuestro.

Reflexión

1. Formar dos grupos. Uno analizará los prejuicios o estereotipos que han impactado negativamente su autoestima; el otro, analizará sus propios prejuicios o estereotipos respecto a otros grupos étnicos, clases sociales o personas del sexo opuesto.

- Hacer una lluvia de ideas y escribirlas en una hoja tamaño cartulina.
- Escoger los prejuicios o estereotipos más comunes o los que más daño causan. Analizar su origen y sus efectos en la juventud.

2. Cada grupo comparte con el otro su reflexión.

Llamados a vivir el Evangelio

Identificar actitudes que hay que cambiar y acciones que emprender para superar sus prejuicios y estereotipos, y ayudar a que otros jóvenes hagan lo mismo.

Orientación 3: Jesús y María nos enseñan a valorarnos

Esta orientación se basa en una reflexión sobre dos pasajes de los Evangelios que muestran las actitudes de Jesús y de María sobre sí mismos y sobre los demás. Tanto Jesús como María reconocieron a Dios como Padre y se consideraron amados de manera especial por él; tuvieron confianza en sí mismos, y aceptaron su misión con convicción. A la vez, hicieron todo esto con humildad y firmeza. La verdadera humildad reconoce que todo lo bueno que somos y tenemos se lo debemos a Dios. Valorarnos con humildad nos ayuda a identificar los dones que Dios nos ha dado y a usarlos para enfrentar la vida con auténtico espíritu cristiano.

Reflexión

1. Formar dos o cuatro grupos, según el tamaño de la comunidad. Dar a cada grupo un número del uno al cuatro. Asignar las dos lecturas indicadas a continuación, de modo que la mitad de los participantes lea la primera lectura, y la otra mitad, la segunda. En cada grupo, una persona lee en voz alta el pasaje asignado. Después, el grupo comenta la lectura respondiendo a las siguientes preguntas.

Lectura y preguntas para los grupos 1 y 3: Lucas 1, 46–55

- ¿Qué sentimientos nobles expresa María? ¿Qué tipo de sentimientos tienes tú?
- ¿Qué hace feliz a María? ¿Qué razones tienes tú para darle gracias a Dios?
- ¿Cómo se ve María a sí misma en la historia de su propio pueblo? ¿Qué misión tienes tú en la historia del pueblo hispano en Estados Unidos?

Lectura y preguntas para los grupos 2 y 4: Mateo 11, 25–30
- ¿A quién ama y valora Jesús? ¿Por qué?
- ¿A quién valora la sociedad en general? ¿A quién amas y valoras tú?
- ¿Por quién se preocupa Jesús? ¿Por quién te preocupas tú?
- ¿Cómo es Jesús un refugio para los oprimidos? ¿Cómo ayudas tú a quienes están oprimidos?

2. Formar parejas o grupos de cuatro constituidos por jóvenes que leyeron lecturas distintas para compartir sus reflexiones.

Llamados a vivir el Evangelio

Identificar alguna característica de Jesús o María que todos quieran cultivar, y dar algunas ideas de cómo ayudarse para hacerlo.

Celebración de nuestra fe: Entrega y liberación

1. El facilitador/a de la oración invita a la comunidad a formar un círculo y tomarse de la mano en espíritu de oración. Se toca música de fondo y empieza la oración dejando tiempo suficiente para que los jóvenes oren sobre las preguntas que se van haciendo.

2. El facilitador/a invita a la comunidad a participar en una oración donde incorporarán en su oración sus reflexiones personales, ofreciendo a Dios las opresiones, preocupaciones y esperanzas de las que tomaron conciencia durante el curso de esta reunión.

Facilitador/a: Recordemos el sociodrama, "Me jalonean por todos lados", y situémonos, cada uno, en el lugar de la persona del centro. ¿De qué influencias o conceptos negativos necesitamos zafarnos o liberarnos para fortalecer nuestra autoestima? Los invito a hacer oración en voz alta, pidiendo al Señor su fuerza. Nuestra respuesta será: "Libéranos de estas ataduras".

Oración espontánea

Facilitador/a: Como un signo de liberación de estas ataduras negativas, levantemos las manos hacia Dios. ¿Qué sentimientos positivos, dones y cualidades nos ayudan a valorarnos? Oremos agradeciendo al Señor estos dones. Nuestra respuesta será: "Gracias por estas bendiciones".

Oración espontánea

Facilitador/a: Como un signo de la fortaleza que nos da la oración en comunidad, tomémonos de nuevo de la mano. ¿En qué basamos nuestra autoestima? Oremos pidiendo a María que nos enseñe a purificar nuestro corazón de sentimientos mediocres. Nuestra respuesta será: "María, enséñanos a ser como tú".

Oración espontánea

Facilitador/a: Como un signo de nuestra disposición a aceptar y desarrollar los dones que Dios nos ha dado, extendamos las manos al frente, con la palma hacia arriba. ¿Cómo podemos seguir el modelo de Jesús en nuestra relación con otras personas? Oremos pidiendo a Jesús que nos ayude a ser buenos discípulos suyos. Nuestra respuesta será: "Confiamos en ti, danos tu luz y tu fuerza".

Oración espontánea

Facilitador/a: Terminemos la oración con un signo de que somos una comunidad de discípulos de Jesús, dándonos la paz de Cristo y diciendo: "El amor y la fuerza de Dios estén contigo". La respuesta será: "Y también contigo".

3. Tomar unos minutos para escuchar lo que Dios quiere decir a cada uno, a la luz del mensaje de esta reunión. Después escribir en

su libro o diario personal algunas frases que ayuden a recordar estas palabras de Dios.

4. Terminar con un canto que hable de liberación.

REUNIÓN DE COMUNIDAD

Crecemos en Comunidad

> Todos los creyentes vivían unidos y lo tenían todo en común. Vendían sus posesiones y haciendas y las distribuían entre todos, según las necesidades de cada uno.
>
> —Hechos de los Apóstoles 2, 44–45

Esquema

Objetivos

- Tomar conciencia de nuestra necesidad de pertenencia y amor.
- Descubrir la importancia de la comunidad para ayudarnos a crecer como personas.

Plan de la reunión

Oración de apertura

Experiencia de vida: Bienestar, comunidad y madurez

Iluminación para la acción
Orientación 1: La necesidad de pertenencia y amor
Orientación 2: La superación personal y su dimensión comunitaria
Orientación 3: El desarrollo humano

Celebración de nuestra fe: Compartimos como hermanos y hermanas

Empecemos con una oración

Durante la reunión anterior reflexionamos sobre nuestra dignidad y valor como personas, ahora reflexionaremos sobre la necesidad de pertenencia, amor y desarrollo personal. Empezaremos meditando sobre el texto citado de los Hechos de los Apóstoles, el cual caracteriza el ideal de una comunidad cristiana. Permitamos que sus palabras hagan eco en el fondo de nuestro corazón.

- Una persona lee el pasaje completo.
- Diferentes personas se turnan para leer una cláusula, dejando un momento de silencio entre cada una: "Todos los creyentes..., vivían unidos..., y lo tenían todo en común...; vendían sus posesiones y haciendas..., y las distribuían entre todos..., según las necesidades de cada uno".
- Algunos jóvenes comparten el mensaje que recibieron al hacer la oración. Después, dos o tres hacen oración en nombre de la comunidad.

Experiencia de vida: Bienestar, comunidad y madurez

1. Formar tres grupos. Cada uno trabaja junto para resolver el siguiente caso:
Como comunidad han decidido "adoptar" a tres hermanos que quedaron huérfanos cuando sus padres fallecieron en un accidente de

automóvil. Los niños tienen cuatro, seis y doce años de edad. Organícense y asígnense funciones entre ustedes para asegurar el bienestar, educación y porvenir económico de los niños. Tomen en consideración las necesidades de cada niño y los recursos que cada miembro del grupo tiene para responder a dichas necesidades.

2. Compartir con toda la comunidad la manera como se organizaron en cada grupo.

3. Reflexionar en comunidad sobre lo que aprendieron a través de esta dinámica.

Iluminación para la acción

La dinámica que acabamos de hacer mostró la necesidad que tenemos unos de otros y cómo, al organizarnos y trabajar juntos, podemos ayudarnos no sólo a nosotros mismos, sino también a otras personas. Las siguientes orientaciones profundizan en la importancia de crecer en comunidad para lograr el desarrollo personal.

Orientación 1: La necesidad de pertenencia y amor

Todos los seres humanos tenemos necesidad de pertenencia y amor. Cuando Dios nos creó, lo hizo por amor; nos llamó a pertenecer a él con el resto de sus hijos e hijas, para formar una gran familia unida. Cada vez que interrumpimos esta comunión de amor por el pecado, necesitamos arrepentirnos de nuestras acciones para reconciliarnos con Dios y entre nosotros, reestableciendo así nuestra comunión con él, y reincorporándonos a su familia.

La pequeña comunidad es un ambiente privilegiado donde se vive el amor y se logra un sentido de pertenencia. Esta experiencia nos prepara para ofrecer amor a otras personas y hacer que se sientan a la vez parte de una sociedad que los acepta y los hace partícipes de la historia. Los siguientes comentarios pueden ayudar en nuestra reflexión:

La necesidad de pertenencia. La necesidad de pertenencia existe toda la vida, pero es vital durante la niñez y la adolescencia. Como niños, es importante tener a una familia que nos ame y nos cuide; como jóvenes, es clave pertenecer a un grupo de amigos. Todos necesitamos un ambiente social en el que seamos aceptados, respetados y valorados por lo que somos. Estas necesidades corresponden a la naturaleza social del ser humano, que desea la convivencia y la comprensión para ser feliz y crecer como persona. Además necesitamos ser aceptados en los lugares donde pasamos nuestro tiempo; por ejemplo, entre los compañeros de escuela y trabajo, así como en ámbitos más amplios como el barrio, y las instituciones sociales, tales como las oficinas de gobierno, las escuelas y las clínicas médicas.

El sentido de pertenencia tiene dos dimensiones. Por un lado, necesitamos sentirnos seguros de nuestro lugar en el grupo social y participar activamente en sus actividades; por el otro, el grupo necesita aceptarnos, reconocer nuestros dones y darnos un papel en sus actividades.

La necesidad de amar. El amor es expresado a través de la ternura, el cariño, el afecto. Esto lleva a un deseo de intimidad sicológica y espiritual y, en algunos casos, al deseo de intimidad física. La necesidad de amar es bidireccional: amar y ser amados.

Quien ama considera igualmente importante satisfacer las necesidades del ser amado, así como satisfacer las suyas propias. Amar es afirmar el ser y la individualidad de la persona amada y buscar activamente su bienestar y desarrollo personal. El amor lleva al cuidado, responsabilidad y preocupación por otros; a aceptarlos como son; a respetar su individualidad y personalidad; y a compartir su felicidad y tristeza, triunfos y fracasos.

El amor engendra amor. Mientras más amor existe entre dos personas, más libre es su relación y más posibilidades tienen de amar a otros y de que ese amor incremente su propio amor. Es importante que la sociedad comprenda el significado del amor y que sea capaz de crecer en él y expresarlo. La familia y las pequeñas comunidades son ámbitos privilegiados para ser semilleros de amor.

Reflexión

1. Identificar la manera cómo experimentan el sentido de pertenencia en su pequeña comunidad.

2. Enumerar las actitudes y acciones con que se muestran amor los miembros de la comunidad, e indicar qué pueden hacer para fomentar que todos y cada uno se sienta parte de la comunidad.

3. Identificar actitudes o acciones que muestran falta de amor entre los miembros de la comunidad o que impiden su integración en la comunidad.

Llamados a vivir el Evangelio

1. En un papel grande dibujar un gran círculo que simbolice la comunidad.

2. Cada joven se dibuja a sí mismo/a dentro del círculo, y traza una flecha hacia el dibujo de sí mismo/a y otra en dirección opuesta hacia el círculo. En la flecha que apunta hacia sí mismo/a, escribe una palabra que indica la manera cómo la comunidad puede brindarle amor y fomentar el sentido de pertenencia. En la flecha que apunta hacia afuera, indica una forma cómo ellos pueden brindar amor y fomentar el sentido de pertenencia.

3. La comunidad analiza cuidadosamente el círculo y dialoga sobre el llamado que Dios le hace como comunidad.

Orientación 2:
La superación personal y su dimensión comunitaria

La superación personal implica el desarrollo de las habilidades y cualidades propias, la búsqueda de la verdad y del bien, la creación de la belleza, el crecimiento espiritual, la elaboración de un proyecto de vida y la promoción de la justicia. Esto supone un proceso continuo de crecimiento que tiene una dimensión personal así como una dimensión comunitaria.

La comunidad —sea la familia, el grupo de amigos, la pequeña comunidad, la escuela u otras instancias comunitarias— es uno de los ambientes y vehículos propicios para orientar y nutrir el proceso de superación personal. A continuación se presentan cuatro categorías de necesidades que debemos satisfacer, si queremos superarnos personalmente. El ejercicio de reflexión que haremos permitirá comprender el papel que juega la comunidad en el desarrollo personal.

La necesidad de comunicación interpersonal. La necesidad de comunicación interpersonal nace del anhelo de expresar los sentimientos y pensamientos; de ser comprendidos y de comprender; y de dialogar para ampliar nuestras percepciones. Sin ésta nos encerramos en nosotros mismos, nos automarginamos, y quedamos desprovistos de

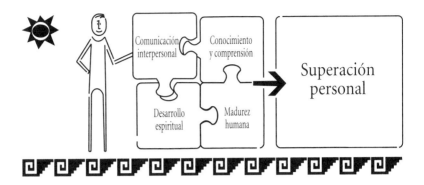

la riqueza que pueden aportarnos otras personas con sus experiencias y sabiduría.

La necesidad de conocimiento y comprensión. La necesidad de conocer y comprender está relacionada con la necesidad de entender el mundo y descubrir la verdad en sus distintas dimensiones. Esto supone pensar, continuar la educación, reflexionar, razonar, analizar, resolver conflictos, así como la necesidad de comunicarse a nivel interpersonal y social. El desarrollo de esta habilidad facilita el proceso de madurez y ayuda al manejo adecuado de la realidad, con miras a obtener el bienestar personal y comunitario.

La necesidad espiritual. La necesidad espiritual está relacionada con la búsqueda del fin y el significado de nuestra vida como seres humanos. También se relaciona con la búsqueda de valores y de la expresión de nuestra dimensión espiritual a través del arte, la filosofía y la religión. La necesidad espiritual lleva a la búsqueda de Dios, amplía nuestros horizontes, y nos lleva a transformar la sociedad y la naturaleza para el bien de la humanidad.

La necesidad de madurar. La necesidad de madurar se refiere al potencial que tiene cada ser humano para desarrollar sus habilidades al máximo. La madurez personal nos lleva a considerar el bienestar de los demás como una prioridad; a centrar nuestra vida en causas nobles y justas; a vivir intensamente al gozar de la creación de Dios en un sentido de unidad con la naturaleza; a ser personas abiertas, honestas y sinceras; a actuar de acuerdo con nuestras convicciones; a aceptar cambios que llevan a un mundo mejor, y a enfrentar siempre la vida con esperanza.

La persona madura tiene satisfechas sus necesidades de seguridad y autoestima, y sabe cómo recibir y dar amor. Esto le permite superar el egocentrismo y dedicarse al servicio de los demás; buscar la verdad en áreas desconocidas e inexploradas, y crear arte o hacer obras generadoras de vida para otras personas.

Reflexión

1. En silencio, reflexionar sobre las cuatro categorías de necesidades presentadas y después hacer lo siguiente: *(a)* colocarlas de acuerdo a la importancia que tienen para que trabajes en ellas en esta etapa de tu vida; *(b)* pensar cómo responder a los dos tipos de necesidades prioritarias.
• ¿De qué manera puedes trabajar para satisfacer estas necesidades en tu vida cotidiana?
• ¿Cómo te puede ayudar la comunidad?

2. Compartir la reflexión personal con la comunidad. Para ello, colgar una hoja tamaño cartulina con una columna asignada a cada una de las cuatro categorías de necesidades. Cada participante declara sus dos tipos de necesidades prioritarias. Conforme se expresan, marcar la categoría más importante con dos cruces, y la que está en segundo lugar, con una. Al finalizar, sumar las cruces. La categoría de necesidades con el número más elevado de cruces es la más importante para la comunidad.

Llamados a vivir el Evangelio

Observar lo indicado en la hoja tamaño cartulina. Pensar en lo que se necesita hacer para que su comunidad sea fuente de crecimiento y superación personal para todos. Dar alguna idea basados en sus reflexiones personales.

Orientación 3: El desarrollo humano

En su carta encíclica *Sobre el desarrollo humano (Populorum Progressio)*, el papa Pablo VI dice que para alcanzar un desarrollo pleno, las personas deben ser cada día más humanas. Para lograr esto, las personas deben trabajar para satisfacer sus necesidades básicas, desarrollar su mente a través del estudio y expander su corazón mediante relaciones de amor. El camino más seguro para lograr la superación personal es a través de la relación con Dios y con los demás.

Nota: Una persona lee en voz alta el siguiente texto de la carta encíclica *Populorum Progressio,* del papa Pablo VI. La reflexión se basará en la lectura.

Vocación al crecimiento. En los designios de Dios, cada hombre está llamado a desarrollarse, porque toda vida es una vocación. Desde su nacimiento, ha sido dado a todos, como en germen, un conjunto de aptitudes y de cualidades para hacerlas fructificar: su floración, fruto de la educación recibida en el propio ambiente y del esfuerzo personal, permitirá a cada uno orientarse hacia el destino, que le ha sido propuesto por el Creador. Dotado de inteligencia y de libertad, el hombre es responsable de su crecimiento, lo mismo que de su salvación. Ayudado, y a veces estorbado, por los que lo educan y lo rodean, cada uno permanece siempre, sean los que sean los influjos que sobre él se ejercen, el artífice principal de su éxito o de su fracaso: por sólo el esfuerzo de su inteligencia y de su voluntad, cada hombre puede crecer en humanidad, valer más, ser más.

Deber personal. Por otra parte, este crecimiento no es facultativo. De la misma manera que la creación entera está ordenada a su Creador, la creatura espiritual está obligada a orientar espontáneamente su vida hacia Dios, verdad primera y bien soberano. Resulta así que el crecimiento humano constituye como un resumen de nuestros deberes. Más aún, esta armonía de la naturaleza, enriquecida por el esfuerzo personal y responsable, está llamada a superarse a sí misma. Por su inserción en el Cristo vivo, el hombre tiene el camino abierto hacia un progreso nuevo, hacia un humanismo trascendental que le da su mayor plenitud; tal es la finalidad suprema del desarrollo personal.[1]

Reflexión

- ¿En qué consiste nuestra vocación humana?
- ¿Cómo podemos ser más humanos cada día?
- ¿Cómo influye nuestra relación con Dios y con nuestros semejantes en nuestro desarrollo humano?
- ¿Por qué es de vital importancia el desarrollo personal según el plan de Dios?

Llamados a vivir el Evangelio

¿A qué tipo de acción comunitaria nos lleva el tomar conciencia de nuestra vocación según los textos analizados hoy?

Celebración de nuestra fe: Compartimos como hermanos y hermanas

Preparación: Llevar un pan grande y música de fondo.

1. El facilitador/a coloca el pan sobre una mesa y explica el proceso de la oración. Después toca la música de fondo e invita a todos a sentarse alrededor de la mesa en espíritu de meditación y oración.

2. El facilitador/a pide a una persona que lea en voz alta Mateo 15, 29–39.

3. El facilitador/a invita a meditar sobre los siguientes aspectos de la vida. Al leer hace una pausa después de cada frase:

- Pensemos en la necesidad de pertenencia y amor en nuestra familia, en nuestra pequeña comunidad y entre nuestros amigos, ¿qué hemos hecho para ayudar a satisfacer esta necesidad?
- Pensemos en alguna manera cómo nos hemos esforzado para satisfacer nuestras propias necesidades de superación.
- Pensemos en personas con quienes convivimos y que necesitan nuestro amor, ¿cómo se lo expresamos?
- Pensemos en una persona que sabemos tiene una gran necesidad y preguntémosle a Jesús: ¿De qué manera quieres que la ayude? Pidámosle a Jesús que nos ilumine y nos dé fuerza para ofrecernos a ayudar.

4. Pedir a una persona de la comunidad que tome un trozo pequeño de pan y pase el resto a quien está a su lado. Este compartir continúa hasta que todos han tenido la oportunidad de tomar un trozo de pan.

Mientras tanto, otra persona dirige a la comunidad en oración. Después de cada petición, la comunidad responde: "Danos el pan de cada día".

El pan compartido representa los diferentes tipos de hambre de que somos saciados. Al final de la oración, como una expresión de unión como comunidad, se come el trozo de pan.

- Oremos por los que tienen hambre y por los que no tienen seguridad en su hogar, su trabajo o su barrio.
- Oremos por los jóvenes que huyen de casa, por los que han dejado la escuela y por los que no encuentran trabajo.
- Oremos por los jóvenes que se sienten solos y buscan aceptación en las pandillas.
- Oremos por los que tratan de escaparse de la realidad mediante las drogas.
- Oremos por los niños, jóvenes y adultos que están deseosos de tener una vida digna y anhelan comprensión y ser valorados por otros y por sí mismos.
- Oremos por los que están hambrientos de Jesús y buscan crecer en el amor de Dios.
- Oremos por las intenciones personales.

5. Reflexionar sobre esta reunión, tomando unos momentos para escuchar lo que Dios quiere decirle a cada persona. Escribir en su libro o diario algunas frases que les recuerden lo que Dios ha compartido con ustedes este día.

6. Invitar a la comunidad a participar en la siguiente oración:

Jesús, tú que le diste de comer a cinco mil personas, ayúdanos a ser generosos con los que tienen hambre. Te bendecimos ahora y alabamos tu presencia. Hemos compartido el pan para celebrar nuestra unidad en la fe, y para mostrar nuestra buena voluntad de alimentarnos unos a otros. Ayúdanos a ser discípulos tuyos en nuestra vida diaria. Amén.

7. Para terminar, entonar un canto que hable del amor cristiano entre las personas.

Espiritualidad Cristiana y Nuestra Imagen de Dios

Los que se dejan guiar por el Espíritu de Dios, ésos son hijos de Dios. Pues bien, ustedes no han recibido un Espíritu que los haga esclavos, para caer de nuevo en el temor, sino que han recibido un Espíritu que los hace hijos adoptivos y nos permite clamar: "Abba", es decir, "Padre". Ese mismo Espíritu se une al nuestro para juntos dar testimonio de que somos hijos de Dios.

—Romanos 8, 14–16

Esquema

Objetivos

- Descubrir la imagen de Dios que cada quien tiene, como una preparación para reflexionar sobre el significado de la oración.
- Descubrir la imagen de Dios que Jesús nos muestra.

Plan de la reunión

Reflexión inicial y oración

Iluminación para una espiritualidad cristiana
Orientación 1: Expectativas y sentimientos respecto a Dios
Orientación 2: La imagen de Dios se revela en Jesús

Celebración de nuestra fe: Crecer en la fe

Empecemos con una oración

En las tres reuniones previas reflexionamos sobre varios aspectos de la vida a la luz de nuestra relación como hijos e hijas de Dios, y como hermanos y hermanas entre nosotros. Hoy examinaremos la imagen que tenemos de Dios.

Esta reunión tiene un formato y un enfoque distinto al de las anteriores. Está dedicada específicamente al desarrollo de la espiritualidad cristiana. Empezaremos la reunión con una reflexión personal en silencio.

Reflexión personal

- Dibuja en una hoja de papel la "imagen" que tienes de Dios. Piensa en cómo ves a Dios cuando oras y hablas de él. Puede ser una imagen simbólica, como un árbol o el sol. No temas usar imágenes simbólicas si expresan mejor la manera como percibes a Dios.
- Ahora, dibújate a ti mismo en tu relación con Dios.

Oración basada en textos bíblicos

1. Al orar sobre los textos que se ofrecen a continuación, reflexiona sobre estas dos preguntas:
- ¿Cómo se revela Dios en este texto?
- ¿Qué te dice Dios a ti, personalmente, a través de este texto?

2. Conforme se lee cada texto bíblico, subraya o anota una o dos palabras que representen la imagen de Dios revelada ahí, y el mensaje que Dios te comunica.

"¿Quién de ustedes, si su hijo le pide pan le da una piedra?; o si le pide un pez, ¿le da una serpiente? Pues si ustedes, que son malos, saben dar cosas buenas a sus hijos, ¡cuánto más su Padre del cielo dará cosas buenas a los que se las pidan!" (Mateo 7, 9–11)

"Pues si a la hierba que hoy está en el campo y mañana se echa al fuego Dios la viste así, ¿qué no hará con ustedes, hombres de poca fe?" (Mateo 6, 30)

"Pero yo les digo: Amen a sus enemigos y oren por quienes los persiguen. Así serán dignos hijos de su Padre del cielo, que hace salir el sol sobre buenos y malos, y manda la lluvia sobre justos e injustos". (Mateo 5, 44–45)

"Tanto amó Dios al mundo que le dio a su Hijo único, para que todo el que crea en él no perezca, sino que tenga vida eterna". (Juan 3, 16)

"Entonces el rey dirá a los de un lado: "'Vengan, benditos de mi Padre, tomen posesión del reino preparado para ustedes desde la creación del mundo. Porque tuve hambre, y me dieron de comer; tuve sed, y me dieron de beber; era un extraño, y me hospedaron; estaba desnudo, y me vistieron; enfermo, y me visitaron; en la cárcel, y fueron a verme'". (Mateo 25, 34–36)

"Se puso en camino [el hijo pródigo] y se fue a casa de su padre. Cuando aún estaba lejos, su padre lo vio, y, profundamente conmovido, salió corriendo a su encuentro, lo abrazó y lo cubrió de besos". (Lucas 15, 20)

"No juzguen, y Dios no los juzgará; no condenen, y Dios no los condenará; perdonen, y Dios los perdonará". (Lucas 6, 37)

> ¿Acaso olvida una madre
> a su niño de pecho,
> y deja de querer
> al hijo de sus entrañas?
> Pues aunque ella se olvide,
> yo no te olvidaré.
>
> (Isaías 49, 15)

3. Lee las palabras que subrayaste o anotaste y detecta las imágenes y los mensajes que recibiste de Dios a través de la oración:
• ¿Qué imagen de Dios tiene más significado para ti?
• ¿A qué tipo de relación te está invitando Dios?

4. Dibuja nuevamente la imagen de Dios y tu relación con él. Puedes mantener la imagen que dibujaste y añadirle elementos, corregirla, modificarla, dibujar una imagen diferente. Siéntete con libertad para reflexionar sobre tu nueva percepción, y relación con Dios.

Reflexión en pequeños grupos

En grupos de tres o cuatro compartir su experiencia de la oración que acaban de hacer, utilizar las siguientes preguntas:
• ¿Qué aprendiste sobre ti mismo a través de la oración y el ejercicio de reflexión?
• ¿Qué aprendiste sobre Dios?
• ¿Qué aprendiste sobre la manera como ves a Dios?
• ¿Qué aprendiste sobre el modo como te relacionas con Dios?

Iluminación para una espiritualidad cristiana

Nuestra oración nos ha revelado a un Dios comprensivo, bueno, generoso, dador de vida, misericordioso y liberador. Las siguientes orientaciones nos permitirán reflexionar sobre las imágenes y las expectativas que cada quien tiene de Dios, y nos ayudarán a recordar la imagen que Jesús tenía de Dios, la cual nos puede acompañar siempre que oremos.

Orientación 1: Expectativas y sentimientos respecto a Dios

¿Qué esperamos de Dios? Lo hayamos pensado o no, todos tenemos ciertas expectativas sobre las personas con quienes nos relacionamos. Por ejemplo, si una joven recibe una reacción negativa de su mamá, cuando admite que hizo algo mal, en el futuro no querrá contarle sus problemas, pues espera otra reacción similar. En cambio, cuando un maestro felicita a un joven por sus esfuerzos al escribir un ensayo, lo motiva a seguir escribiendo, porque espera el mismo tipo de apoyo en el futuro.

Tener expectativas, sean reales o falsas, es propio de nuestra naturaleza humana. Si estamos interesados en conversar con Dios a través de la oración, debemos preguntarnos qué esperamos de él.

Pensemos por un momento en las expectativas que tenían antiguamente los griegos y los romanos sobre sus dioses, según las imágenes con que los representaban. Las imágenes masculinas, como Zeus y Vulcano, hacían favores y castigaban a las personas por acciones particulares, actuaban de manera arbitraria, perdían el control de sus sentimientos y eran lujuriosos. Entre las deidades femeninas, Venus personificaba el misterio del amor y era fuente de buena suerte y éxito para quienes la adoraban, y Gea, la diosa-tierra y madre, alimentaba todas las cosas y personificaba el orden natural.

Entre los dioses prehispánicos había dioses representados por animales, como Quetzalcoatl, la serpiente emplumada, dios de la civilización para los aztecas, con atributos de ave que volaba y de serpiente poderosa y aterradora. En Estados Unidos, se usa la imagen del ojo dentro del triángulo para representar a Dios en algunos de los billetes. Esta imagen refleja la creencia de Dios como una deidad que todo lo ve, que todo lo sabe, y que vela por todas las cosas.

El Antiguo Testamento puede revelarnos mucho sobre Dios, pero debemos recordar que sus escritores usaban frecuentemente imágenes de un Dios castigador para atacar la idolatría, las injusticias y los abusos. Por ejemplo, el Salmo 7, dice:

Dios es mi escudo, él salva a los honrados.
Dios es un juez justo, siempre alerta para el castigo:
si no se convierten, afilará su espada,
tensará su arco y apuntará con firmeza;
preparará contra ellos armas mortales,
les lanzará flechas de fuego.

(11–14)

Después, el salmista pone palabras en boca del rey David, y dice: "Acusa tú, Señor, a los que me acusan; / enfréntate a los que se enfrentan contra mí" (Salmo 35, 1).

En el libro del Éxodo, encontramos pasajes como éste: "Yo, el Señor tu Dios, soy un Dios celoso, que castigo la maldad de los que me odian en sus hijos hasta la tercera y cuarta generación" (Éxodo 20, 5).

El Nuevo Testamento también tiene lenguaje vengativo y castigador, como lo muestra el siguiente texto:

"Al que sea ocasión de pecado para uno de estos pequeños que creen en mí, más le valdría que le ataran al cuello una piedra de molino y lo arrojaran al fondo del mar. ¡Ay de quienes son ocasión de pecado en el mundo! Es inevitable que esto exista. Sin embargo, ¡ay de aquellos que sean ocasión de pecado! Por eso, si tu mano o tu pie es ocasión de pecado para ti, córtatelo y arrójalo. Es mejor entrar en la vida manco o cojo, que ser arrojado con las dos manos o los dos pies al fuego que no se apaga. Y si tu ojo es ocasión de pecado para ti, sácatelo y arrójalo; es mejor entrar en la vida con un solo ojo, que ser echado con los dos ojos al fuego que no se apaga". (Mateo 18, 6–9)

Es importante entender que los escritores del Antiguo y Nuevo Testamento son personas que, como nosotros, usan cualquier medio a su alcance para tratar de reformar a una humanidad a la que le cuesta trabajo cambiar. Por ejemplo, a veces escuchamos a un padre decirle a su hijo, "¡Escucha bien, si no haces lo que te digo, nunca más te llevaré a dar una vuelta en coche!", y a una esposa decir a su marido, "¡Nunca te volveré a hablar!" Este es un lenguaje hiperbólico (exagerado), que tiene como fin impresionar a la otra persona y enfatizar la importancia de lo que se dice; por lo general, no se espera ser interpretado literalmente.

Otras imágenes negativas de Dios provienen de razonamientos teológicos. Desde el siglo XIII hasta principios del siglo XX, la teoría de san Anselmo sobre la redención fue la más común. Según esta teoría, el Hijo de Dios tenía que hacerse humano y morir con derramamiento de sangre para reparar las ofensas cometidas por las personas. Los seres humanos, por sí mismos, nunca podrían reconciliarse con Dios porque su dignidad era infinitamente inferior a la de él.

Jesús, en su dimensión humana, representaba a quienes habían ofendido a Dios y, en su dimensión divina, compartía su misma naturaleza y dignidad. Por lo tanto, sólo Jesús podía restaurar la relación rota por el pecado humano. No hubo cuestionamientos significativos sobre la teoría de san Anselmo hasta nuestro siglo, cuando la gente empezó a preguntarse: ¿Qué tipo de Dios exige el derramamiento de sangre para conceder el perdón, pero requiere que *nosotros* perdonemos incluso a nuestros enemigos mostrando la otra mejilla? ¿Es éste el Dios y Padre de Jesús?

Reflexión

- ¿Qué aspectos de esta orientación les ayudó a comprender mejor de dónde proviene la imagen que tienen de Dios?
- ¿Qué nuevas preguntas sobre Dios nacieron de esta orientación?

Orientación 2: La imagen de Dios se revela en Jesús

Es difícil relacionarnos con Dios cuando tenemos una imagen equivocada de él que despierta en nosotros temor. El temor es un impedimento para la oración. Si queremos conocer mejor a Dios debemos acercarnos a él teniendo, en nuestra mente y en nuestro corazón, la misma imagen que tenía Jesús de su Padre. De otra manera, la oración continuará siendo difícil.

De Jesús aprendemos que Dios es un Dios de amor, generoso, compasivo y misericordioso. En el Dios de Jesús no hay venganza ni castigo a los hijos de generación en generación; tampoco exige derramamiento de sangre para el perdón de los pecados o para proveer ante nuestras necesidades. Jesús no confunde las limitaciones de los seres humanos —nuestros enojos, deseo de venganza, corazón duro, deseo de castigo— con la naturaleza de Dios y con su manera de relacionarse con nosotros.

Los pasajes bíblicos con que oramos anteriormente revelan algunos rasgos de Dios. Ahora vamos a leer otros, en los que observamos las cualidades de Dios. Haremos el ejercicio, repitiendo los siguientes pasos con cada una de las tres secciones que se presentan a continuación:

- Una persona lee en voz alta la sección.
- La comunidad observa el título de la sección y cómo los pasajes bíblicos revelan las características de Dios.
- Uno o dos jóvenes comparten un hecho de su vida en que han experimentado esa característica de Dios.

La generosidad de Dios. La generosidad consiste en dar vida a otros al compartir con ellos las cualidades humanas y los dones espirituales que Dios nos ha dado, así como nuestro tiempo, esfuerzo y bienes materiales. Jesús comprendió la generosidad incondicional de Dios hacia *todas* las personas, vivió este mismo tipo de generosidad y motivó a sus discípulos a hacer lo mismo.
Leer Mateo 5, 44–45; 6, 30 y 7, 9–11.

La compasión de Dios. La *compasión* es el sentimiento de ternura y lástima por el dolor que padece alguien con el deseo de aminorarlo. Dios siente nuestros sufrimientos y dolores. Su compasión y su generosidad lo llevaron a encarnarse para darnos nueva vida. Jesús compartió continuamente la compasión de Dios y dijo claramente a sus discípulos que Dios bendice con la vida eterna en el Reino de Dios a quienes son compasivos con sus hermanos y hermanas.

Leer Juan 3, 16; Mateo 25, 34–36, y Lucas 15, 20.

El amor misericordioso de Dios. La historia del hijo pródigo y del padre que lo recibe de nuevo en su casa muestra claramente el modo de actuar de Dios (Lucas 15, 11–32). El padre recibe al hijo que dilapidó su herencia con un abrazo, besos y gran alegría; no sólo no lo regaña ni muestra resentimiento por lo que ha hecho, sino que organiza una celebración en su honor.

Cuando Jesús enseña cómo alcanzar el perdón de Dios, muestra un camino muy sencillo, al alcance de todos los que están dispuestos a vencer el orgullo. Nos dice: "'No juzguen, y Dios no los juzgará; no condenen, y Dios no los condenará; perdonen, y Dios los perdonará'" (Lucas 6, 37).

Todos y cada uno de nosotros podemos esperar que Dios nos ame sin condiciones. Dios no ama al mundo en general, sino a cada persona en particular, con un amor sin reservas que no está condicionado. Esto significa que no nos quita su amor por *ninguna* razón.

Una vez que hemos conocido al Dios de Jesús, podemos regresar al Antiguo Testamento y localizar los pasajes que apuntan a esta imagen de Dios. Dios llama al antiguo pueblo hebreo "Israel", en memoria de una persona a quien amó mucho: Jacob, también llamado Israel. De cierta manera, "Israel" nos representa a todos. Las palabras del profeta Isaías al pueblo de Israel son las mismas que Dios nos dice a cada uno de nosotros como miembros de su nuevo pueblo, los seguidores de Jesús.

Leer Isaías 43, 1–4; 49, 15–16, y 54, 10.

Celebración de nuestra fe: Crecer en la fe

Preparación: El facilitador/a debe prepararse con tiempo para aprender a dirigir la siguiente oración corporal.

Poner los brazos a lo largo del cuerpo y levantarlos, alejándolos del cuerpo de manera que formen un círculo amplio que termina con las manos juntas arriba de la cabeza. Después, bajar las manos frente a la cara y colocarlas unos segundos sobre el corazón. Por último, poner los brazos nuevamente a lo largo del cuerpo. Repetir esto tres veces, orando en silencio con el cuerpo.

1. Empezaremos la celebración con una reflexión personal. En este ejercicio procuren recordar la imagen de Dios en las distintas etapas de su vida; poner atención especial a las expectativas sobre el comportamiento de Dios hacia ustedes y de sus sentimientos hacia él. Por ejemplo, es posible de pequeños haber imaginado un Dios que mandó a un ángel para protegerlos y que por eso se sintieran seguros. Después pudieron haber imaginado un Dios providente pero regulador, que hacía favores a cambio de que obedecieran ciertas reglas. A lo mejor, en cierta etapa, imaginaron un Dios que inspiraba temor o un Dios juez, rápido a condenar al portarse mal.

Para recordar más fácilmente las imágenes de Dios a lo largo de su vida, llenen el cuadro que se presenta en la siguiente página.

2. El facilitador/a invita a la comunidad a ponerse de pie para formar un círculo y guardar un minuto de silencio en actitud de recogimiento, y respirar profundamente. Después empieza la oración.
• Dirige de nuevo la oración corporal tres veces.
• Pide que alguien entone el Padre Nuestro para que todos lo canten, e invita a los jóvenes a extender los brazos al frente, con las manos abiertas y las palmas hacia arriba, en actitud de apertura y receptividad de la presencia de Dios. Al final de la oración, mientras se dice "Amén", cruzan las manos sobre el pecho.

3. Sentarse en círculo y compartir algunas imágenes que han tenido de Dios en el curso de su vida, y cómo lo ven hoy día. Esto se hace hasta que todos lo que así lo deseen tengan oportunidad de compartir sus experiencias.

Etapa	Expectativas respecto a Dios	Sentimientos hacia Dios
Primera infancia (antes de los 6 años)		
Infancia (entre 6 y 12 años)		
Adolescencia (entre 13 y 15 años)		
Juventud (mayores de 16 años)		

4. Volver a ponerse de pie y repetir de nuevo la oración corporal. Al final, el facilitador/a da esta bendición a sus compañeros:

Que el Dios de la paz les ayude a vivir como corresponde a auténticos creyentes; que todo su ser —espíritu, alma y cuerpo— se conserve sin falta alguna para la venida de nuestro Señor Jesucristo. El que los llama es fiel y cumplirá su palabra. (1 Tesalonicenses 5, 23–24)

REUNIÓN DE COMUNIDAD

Evaluación del Primer Ciclo de Reuniones de Comunidad

Muéstrame, Señor, tus caminos, muéstrame tus sendas.
Guíame en tu verdad; enséñame,
pues tú eres el Dios que me salva: en ti espero todo el día.
Acuérdate, Señor, de que tu ternura y tu amor son eternos.
No recuerdes los pecados ni las maldades de mi juventud;
acuérdate de mí, por tu amor, por tu bondad, Señor.

—Salmo 25, 4–7

Esquema

Objetivos

- Evaluar el primer ciclo de reuniones de comunidad.
- Celebrar la culminación del primer ciclo de reuniones de comunidad con oración y con una convivencia especial o una actividad de esparcimiento.

Plan de la reunión

Oración inicial

Conducción y análisis de la evaluación

Celebrar la culminación del primer ciclo de reuniones de la comunidad

Empecemos con una oración

La reunión de hoy está dedicada a evaluar las cuatro reuniones anteriores. Para empezar, haremos una oración sobre nuestra experiencia en este ciclo de reuniones.

1. Leer en voz alta el epígrafe de esta reunión para captar su mensaje general.

2. Cada persona reflexiona brevemente sobre las cuatro reuniones de comunidad y piensa en el impacto que han tenido en su vida. Después, lee en silencio el epígrafe y escoge la frase que más se relaciona con sus experiencias.

3. El facilitador/a dice la primera frase: "Muéstrame, Señor, tus caminos, muéstrame tus sendas". Las personas que eligieron esta frase, hacen oración en voz alta. Todos responden: "Confiamos en ti y te alabamos, danos tu gracia, Dios nuestro". Después lee la segunda frase y las personas que la eligieron hacen su oración. Así se continúa, hasta terminar con la cuarta frase.

Conducción y análisis de la evaluación

Evaluar es un paso indispensable en el círculo de praxis pastoral. La evaluación de cada ciclo de reuniones nos permite revisar su calidad, con el fin de mejorar nuestra práctica cristiana. Para crecer como comunidad es necesario examinar los frutos que ha dado el esfuerzo de vivir como comunidad de jóvenes cristianos y las áreas que requieren más trabajo.

1. Conducir la evaluación escrita, usando la forma 2, proporcionada en el apéndice 1, "Formas de Evaluación", páginas 182–183. Esta forma consta de tres secciones. La primera sección permite calificar de manera general el contenido y el proceso de cada reunión. El contenido consiste en los elementos de formación e información dados a través de las orientaciones, las dinámicas y los ejercicios de reflexión. El proceso consiste en la metodología, organización y técnicas utilizadas con el fin de que se cumplan los objetivos de cada reunión. La segunda sección evalúa los esfuerzos en vida comunitaria; la tercera ayuda a identificar los frutos logrados en esta etapa y las áreas que aún requieren ser trabajadas.

Cada persona debe llenar la forma según su propia experiencia. Después tendrá oportunidad de compartir sus impresiones.

2. Dialogar sobre la evaluación escrita, para ello, leer las instrucciones de la "Introducción: Reuniones de Comunidad", páginas 32–33.

3. Resumir el diálogo sobre la evaluación, y escribir los comentarios más importantes respecto a los frutos obtenidos y las áreas en que se requiere trabajar.

4. Después de la reunión, analizar la evaluación escrita: obtener los promedios de cada aspecto evaluado, y hacer una lista de las contribuciones y recomendaciones más significativas.

5. Es importante que la comunidad guarde estos resúmenes en su archivo y los compare con la evaluación del segundo ciclo de reuniones. Esta comparación es clave para que la comunidad se dé cuenta de cómo avanza en su vida de fe, su organización comunitaria y su compromiso cristiano.

Las evaluaciones también sirven como apuntes de la historia de la pequeña comunidad y su proceso de crecimiento. Estos apuntes dan a la comunidad un sentido de identidad propia y son útiles para dialogar con nuevos miembros sobre sus experiencias en ella.

Celebrar la culminación
del primer ciclo de reuniones de la comunidad

Realizar alguna convivencia especial o una actividad de esparcimiento.

TALLER DE FORMACIÓN

Introducción al Estudio de la Biblia

> "'¿Entiendes lo que estás leyendo?'"
> El [etíope] respondió:
> "'¿Cómo lo voy a entender, si nadie me lo explica?'"
> — Hechos de los Apóstoles 8, 30–31

Esquema

Objetivos

- Descubrir que Dios se hace presente a las personas y a los pueblos a través de su historia personal y colectiva.
- Aprender a estudiar la Biblia y familiarizarse con sus principales géneros literarios.

Programa

Preparación: Inscripción, bienvenida, cantos, refrigerio, dinámica de ambientación y oración inicial (1 hora)

Sesión 1: Dios se revela en la historia (1 hora)

Sesión 2: Cómo encontrar libros y pasajes en la Biblia (45 minutos)

Sesión 3: Cómo identificar los géneros literarios en un texto bíblico (1 hora)

Sesión 4: La revelación progresiva de Dios (1 hora)

Sesión 5: Biblia, Tradición y Magisterio (1 hora)

Sesión 6: Liturgia de la palabra (1 hora, 15 minutos)
A. Preparación
B. Celebración

Sesión 7: Evaluación (45 minutos)

Preparación

Al preparar el taller, leer las instrucciones sobre cómo preparar la jornada inicial, páginas 11–12. Decidir si se quiere invitar al taller a jóvenes que trabajan en otros modelos de pastoral o que están interesados en aprender sobre la Biblia.

Si bien la preparación del taller se basa en las experiencias que tuvieron los jóvenes al preparar la jornada inicial, el taller en sí debe ser conducido por una persona capacitada para enseñar las Escrituras. Esta persona debe ser contratada con varios meses de anticipación para que reserve el tiempo necesario para preparar y conducir el taller. Además, se le debe dar una copia de este libro para ayudarla a prepararlo.

Es crucial que el taller sea consistente con el proceso de evangelización y formación que se lleva en las pequeñas comunidades. La persona que conduzca el taller debe usar una metodología participativa que permita a los jóvenes aprender sobre las Escrituras, por medio de dinámicas grupales y ejercicios prácticos. El taller también debe brindar la oportunidad para que los jóvenes reflexionen sobre lo que están aprendiendo e interioricen esos conocimientos. En cada sesión se ofrece una guía para ayudar a la persona que conduzca el taller a integrar su contenido, espíritu y metodología en el proceso general de formación que llevan los jóvenes.

Nota: Al preparar el taller, se recomienda leer el documento de la Pontificia Comisión Bíblica, *La interpretación de la Biblia en la Iglesia* (Madrid, PPC: Editorial y Distribuidora, 1994).

Sesión 1: Dios se revela en la historia

Esta sesión da una perspectiva general sobre la revelación de Dios centrándose en los siguientes aspectos:

- el contexto geográfico e histórico de los hechos que se relatan en las Sagradas Escrituras;
- en qué consiste la revelación y cómo se da en la historia de las personas y los pueblos;

- las diferencias entre la revelación en el Antiguo Testamento, en Jesucristo, y en la historia de la iglesia.

Debido al enfoque sobre evangelización y formación-en-la-acción del modelo Profetas de Esperanza, se recomienda enfatizar los siguientes puntos:

- La revelación como comunicación de Dios con las personas, que hace presente lo divino en su vida para transmitirles y darles a conocer su amor.
- Las Sagradas Escrituras como el relato de la historia de la alianza de Dios con su pueblo, y de la historia del pueblo que descubrió al Dios de amor, misericordia y salvación en su historia personal y colectiva.
- La revelación de Dios mediante palabras y acciones reflejadas en nuestra vida interior, a través de otras personas, y en el orden del universo.
- La necesidad de la fe, don divino, para comprender la revelación de Dios y responderle.
- La fe y la vida espiritual fundamentadas en el misterio de Dios, a quien podemos acercarnos de varios modos, pero que siempre continuará siendo un misterio.
- La pedagogía de Dios que prepara a las personas para su revelación, explícita y completa, en Jesucristo.

El documento 1, "Cómo y Para Qué Se Escribió la Biblia", páginas 162–169, puede usarse como recurso o material de estudio para los jóvenes.

Sesión 2:
Cómo encontrar libros y pasajes en la Biblia

Esta sesión tiene como fin que los jóvenes adquieran un conocimiento general de los libros de la Biblia, de las abreviaturas de los libros bíblicos, de cómo se cita la Biblia, y de cómo encontrar los libros y pasajes. Se recomienda hacer ejercicios prácticos, con citas referentes a distintos aspectos de la alianza. Estos ejercicios pueden hacerse en grupos pequeños, donde los jóvenes que saben utilizar la Biblia ayuden a los que no saben. Si todos los asistentes al taller saben usar la Biblia, se puede omitir la sesión.

Sesión 3: Cómo identificar los géneros literarios en un texto bíblico

El objetivo de esta sesión es que los jóvenes aprendan que la Biblia está compuesta de distintos **géneros literarios,** y que aprendan a reconocer los más importantes mediante ejercicios prácticos. El documento 2, "Interpretación Literaria de la Biblia", páginas 170–173, puede servir de guía para la sesión o material de estudio para los jóvenes.

Se recomienda dividir esta sesión en tres partes:
- identificación por los jóvenes de los géneros literarios más comunes hoy en día;
- presentación por la persona que dirige el taller de los géneros más relevantes en la Biblia;
- realización de un ejercicio donde los jóvenes identifiquen el género literario de algunos textos bíblicos previamente seleccionados.

Sesión 4: La revelación progresiva de Dios

Esta sesión debe mostrar la revelación progresiva de Dios en el Antiguo Testamento como preparación a la llegada de Jesús, y enfatizar que nuestro conocimiento de Dios también es progresivo. Se recomienda realizar algún ejercicio de reflexión donde los jóvenes hablen de la revelación progresiva de Dios en su vida.

Sesión 5: Biblia, Tradición y Magisterio

Esta sesión tiene como objetivo que los jóvenes conozcan la relación entre la Biblia, la Tradición de la Iglesia y el Magisterio. Se recomienda hacer una presentación y tener después una sesión de preguntas y respuestas. El documento 3, "La Biblia y Nuestra Tradición Católica", páginas 174–179, puede servir de guía o material de estudio.

Sesión 6: Liturgia de la palabra

A continuación se ofrece una guía que ayudará a los jóvenes a preparar una liturgia a partir de su experiencia en el taller. De esta manera recogerán en una oración los ejercicios hechos durante el día y aprenderán a planear una liturgia.

A. Preparación

La preparación debe empezarse hora y media antes de que la liturgia se realice. Ésta ha de recoger las experiencias del día. Los siguientes equipos son necesarios, cada uno con su coordinador o coordinadora:

Equipo de altar. El equipo de altar es responsable de arreglar un centro de oración que capte el espíritu del día.

Equipo de canto. Todos los jóvenes del equipo de canto reciben un cancionero, de donde escogerán dos cantos: uno para iniciar la celebración y otro para el rito de compromiso. Los miembros del equipo deberán ensayar los cantos y prepararse para guiar al grupo al cantar.

Equipo de lecturas. Se recomienda que el conferencista dé al equipo de lecturas una lista de textos para que escoja tres lecturas: una del Génesis o del Éxodo, un salmo y una de los Evangelios. Se escogen tres lectores, quienes ensayan su lectura frente al equipo; sus compañeros les dan sus opiniones y sugerencias para mejorar la lectura.

Equipo de reflexión. La reflexión se prepara de la siguiente manera: *(a)* todos los miembros del equipo comparten el mensaje principal que recibieron para fortalecer su fe; *(b)* en consenso, identifican los tres mensajes que les parecen más significativos para todo el grupo; *(c)* quienes compartieron estos tres mensajes se preparan para presentarlos a todo el grupo; cada uno hablará por tres minutos. Los otros miembros del equipo sugieren cómo mejorar estas presentaciones; *(d)* se pide a la persona que conduce el taller que esté preparada para integrar las reflexiones de los jóvenes como una conclusión a la reflexión.

Equipo de ofertorio. Este equipo se encarga de escoger algunos símbolos que representen los dones recibidos durante el día, los cuales serán ofrecidos con oraciones para que Dios les ayude en su desarrollo personal y comunitario. El equipo se organiza para llevar en procesión los símbolos al altar para presentarlos a Dios.

Equipo de oración de los fieles. Este equipo formula cinco oraciones que el grupo usará, ya sea dándole gracias a Dios o pidiéndole luz, fuerza o perdón. Escoge la respuesta a las oraciones y decide quién las leerá en voz alta.

Equipo de ritual de compromiso. Este equipo organiza un ritual sencillo, con algún símbolo que exprese el compromiso de los participantes para seguir profundizando su conocimiento de la palabra de Dios.

B. Celebración

A continuación se presenta a grandes rasgos el esquema de la liturgia:
- Canto de entrada
- Lecturas: un pasaje del Génesis o del Éxodo, un salmo y un pasaje de los Evangelios
- Reflexión
- Ofertorio
- Oración de los fieles
- Rito de compromiso

Sesión 7: Evaluación

Para hacer la evaluación escrita, usar la forma 3, que se encuentra en el apéndice 1, "Formas de Evaluación", páginas 184–185. Esta forma puede ser fotocopiada y duplicada. Dar a los jóvenes veinte minutos para llenarla. Después, facilitar veinticinco minutos para conversar sobre las preguntas abiertas.

Un Llamado y un Camino

El Señor dijo a Abrán:
"Deja tu tierra, tus parientes y la casa de tu padre, y vete a la tierra que yo te indicaré".

—Génesis 12, 1

Esquema

Objetivos

- Descubrir el llamado de Dios en nuestra historia personal.
- Descubrir que Dios nos da la fuerza para vivir nuestra vocación, y la oportunidad de rectificar el camino cuando nos apartamos de él.
- Sentir el gozo de ser parte de una larga historia de fe.

Plan de la reunión

Oración de apertura

Experiencia de vida: El árbol de nuestra fe

Iluminación para la acción
Orientación 1: Abrahán, peregrino en la historia y en la fe
Orientación 2: Isaac, el hijo de la promesa
Orientación 3: Fe y esperanza en situaciones de adversidad

Celebración de nuestra fe: Te ofrecemos nuestra vida

Nota: Dada la riqueza y la profundidad de reflexión que ofrecen las tres orientaciones, se recomienda dividir este tema en dos reuniones.

Empecemos con una oración

Iniciamos un ciclo de reuniones centradas en aspectos vitales de la historia de salvación. Pidamos a Dios nos ayude en nuestro peregrinar en la fe al rezar juntos:

Dios de nuestra vida, cuando te llamamos, tú nos respondes.
Tú eres nuestra guía y el sostén de nuestra vida.
Ten compasión de nosotros, fortalece nuestra fe,
y aclara nuestras confusiones y dudas.

Dirígenos en nuestra jornada hacia ti.
Ayúdanos a aprender cosas buenas de quienes nos aman,
y líbranos del impacto negativo
del odio, la violencia e injusticia.

Haz brillar entre nosotros tus trabajos maravillosos,
y escúchanos al invocar tu nombre.
Tú nos das la confianza
de seguir adelante como comunidad tuya.

¡Bendito seas, Señor!
Acompáñanos siempre,
y ayúdanos a señalar tu camino a otros
que te buscan, pero no te encuentran. Amén.

Experiencia de vida: El árbol de nuestra fe

1. Dibujar un árbol que simbolice el crecimiento de nuestra fe. Incorporar las siguientes ideas: *(a)* Dios es el tronco del árbol; *(b)* nosotros somos el fruto de una tradición de fe; *(c)* la persona que nos transmitió la fe más directamente es la rama donde estamos insertados; *(d)* la persona que le dio la fe a ella es la rama donde está insertada y así sucesivamente, hasta llegar tan atrás como cada quien pueda; *(e)* otros miembros de la comunidad o de nuestra familia que han influido en fomentar nuestra fe son las ramas más cercanas; *(f)* el resto de la iglesia son las otras ramas.

2. Formar grupos de tres o cuatro. Pedir a los participantes que piensen en alguna persona que aparece en su árbol de la fe. Invitar a cada miembro de la comunidad a escoger un aspecto o una anécdota de la vida religiosa de esa persona para compartirla con el grupo pequeño.

3. Si hay suficiente tiempo, pedir a cada grupo pequeño que escoja una de sus anécdotas para compartirla con toda la comunidad.

Iluminación para la acción

Al dibujar el árbol de nuestra fe, recordamos a las personas que nos han transmitido la fe, y hablamos de algunas de sus experiencias religiosas. Hoy reflexionaremos sobre Abrahán, y cómo su fe ha pasado de generación en generación, mediante las experiencias religiosas del pueblo de Dios, y los esfuerzos que hacen los creyentes para transmitir la fe a otras personas.

Orientación 1: Abrahán, peregrino en la historia y en la fe

La historia de Abrahán es una historia religiosa.* Dios lo llamó y él respondió con fe y esperanza. Esta fe hizo que Abrahán y su esposa

---

*En la cultura de Israel, el nombre de la persona estaba ligado a su misión. El cambio de nombre significaba que Dios le había dado una nueva misión debido a su estrecha relación con él. Por ejemplo, *Abrán,* que significa "padre de noble linaje", cambió posteriormente a *Abrahán,* que significa "padre de una multitud". *Saray,* que quiere decir "princesa", cambió a *Sara,* que significa "madre de reyes".

Sara rompieran con su pasado y dieran un nuevo rumbo a su vida, guiados por Dios y confiados en su palabra. El pueblo de Israel considera a Abrahán su padre en la fe, el primero de los patriarcas; como cristianos lo consideramos como "el padre de nuestra fe", y **prefigura** del Mesías prometido.

Los relatos de Abrahán se encuentran sobre todo en los capítulos 11 al 25 del Génesis. Los primeros cinco libros de la Biblia (el Pentateuco) enfatizan diferentes aspectos de la experiencia religiosa de los patriarcas. La **tradición yahvista** enfatiza las promesas y las bendiciones de Dios; la **tradición elhoísta** reitera la fe a toda prueba del patriarca, y la **tradición sacerdotal** recuerda insistentemente la alianza y la importancia de la **circuncisión.** Estas tradiciones, que terminaron de escribirse diez siglos después de los hechos fundadores, fueron formándose al ser recontadas a través de los años por "los hijos de Abrahán", quienes lo volvían a reconocer como "su padre en la fe", encontrando en él una inspiración en momentos cruciales de su vida como pueblo de Dios. (Ver documento 1 "Cómo y Para Qué Se Escribió la Biblia", páginas 162–169).

La historia bíblica de Abrahán es paradógica, repetitiva, a veces tiene muchas lagunas, y no puede seguirse como una historia coherente a través del tiempo y del espacio. Al leerla hay que buscar los aspectos de la fe de Abrahán que sirvieron de apoyo a los israelitas para vivir su fe y su alianza con Dios, durante situaciones particulares de su historia.

El pueblo de Israel vio renovada en Abrahán la alianza de Dios con nuestros primeros padres, Adán y Eva. Abrahán es tan importante en la fe cristiana, que el Nuevo Testamento lo menciona setenta y cinco veces, casi tanto como a Moisés, a quien se le menciona ochenta veces. Pablo, en su carta a los Gálatas, resume la manera como veían los primeros cristianos a Abrahán.

Leer Gálatas 3, 26–29.

A lo largo de la historia, millones de personas han encontrado inspiración en Abrahán, especialmente en tiempos de migración, al tener contacto con religiones diferentes y al enfrentar pruebas de fe. La historia de Abrahán muestra cómo Dios sale al encuentro de su pueblo en distintos momentos, para ofrecerle la esperanza de una vida mejor, bendecirlo con todo y su descendencia, presentarle una tierra donde vivirá mejor, darle fuerza para enfrentar los problemas, perdonarle sus faltas, y recompensarle sus esfuerzos por permanecer fiel.

El inicio de la peregrinación. Abrán y Saray vivían en Ur —una ciudad importante de la Baja Mesopotamia y gran centro cultural del mundo antiguo— hacia el año 2000 A. C. Abrán salió de Ur con su esposa Saray y su sobrino Lot para establecerse en Canaán, así empezaron uno de los hechos más significativos de su vida: renunciar a su religión politeísta para confiar en un solo Dios. Esta confianza provino de una fe profunda de Abrán en Dios que se le reveló y le hizo un llamado; que le mostró un camino, y le ofreció bendiciones y promesas.

Leer Génesis 12, 1–9.

Estas promesas parecían difíciles de ser cumplidas. Además, para que Abrán siguiera el llamado de Dios, necesitaba despojarse de su tierra, de su ambiente y de sus familiares; significaba cambiar de un estilo de vida acomodado y sedentario, para vivir la inseguridad del caminar constante de los nómadas. Abrán no podía saber dónde viviría ni cómo iba a ser tratado por otros pueblos y culturas.

Debe haber sido después de luchas y dudas que Abrán, Saray y Lot emprendieron el camino. Dios le había prometido a Abrán que haría de sus descendientes una gran nación, pero la tierra a la que llegaron ni siquiera era suya. A decir verdad, permanecieron como extranjeros en esa tierra hasta el momento de su muerte. Además, hacía mucho tiempo que Dios le había prometido que tendrían descendencia, pero el heredero no llegaba. ¿Dónde, cuándo y cómo se cumplirían esas promesas?

El camino fue largo y difícil; Abrán, Saray y Lot atravesaron desiertos y con seguridad tuvieron que enfrentarse a otras tribus y pueblos. Por fin, llegaron a Egipto, huyendo del hambre que abrumaba las tierras por donde habían pasado.

Tentación, caída y misericordia. Ser elegido de Dios y responderle en la fe, no quitó a Abrán la libertad de actuar ni sus limitaciones humanas. Antes de entrar a Egipto, el miedo al futuro lo hizo caer en la tentación de abandonar su dependencia de Dios y apoyarse en sus propios recursos. Esta historia anticipa lo que sucederá a los descendientes de Abrán durante el Éxodo de Egipto.

Leer Génesis 12, 10–20.

La fe de Abrán y Saray era todavía débil y confiaron más en sus propias estrategias que en Dios. Esto no significa que fueran malos, sino que aún no eran santos. Más adelante, otros episodios de la vida de Abrán, muestran cómo Dios los seguía bendiciendo y santificando a lo largo de su caminar en la fe.

"Deja tu tierra, tus parientes
y la casa de tu padre,
y vete a la tierra que
yo te indicaré".
(Génesis 12, 1)

Reflexión

- Formar tres grupos. Uno hace una lluvia de ideas sobre la manera de cómo Dios habla a los jóvenes; el segundo, hace una lista de lo que Dios pide a la juventud; el tercero habla sobre las promesas que Dios hace a los jóvenes que lo siguen.
- Cada uno de los grupos comparte su reflexión con la comunidad.

Llamados a vivir el Evangelio

Identificar el llamado más urgente que Dios hace a su pequeña comunidad hoy día.

Orientación 2: Isaac, el hijo de la promesa

Los capítulos 15 al 21 del Génesis relatan las experiencias de Abrahán al vivir la promesa de Dios. Los siguientes pasajes nos permiten adentrarnos en algunas de esas experiencias:

- Abrán estaba desesperado porque el hijo deseado, a quien podría heredar, no llegaba. No obstante, Dios le renovó su promesa.
  Leer Génesis 15, 1–8.
- Abrán y Saray, frustrados ante la falta de cumplimiento de la promesa, intentaron remediar la situación a su manera con el nacimiento de Ismael, hijo de Abrán y Agar, la esclava de Saray.
  Leer Génesis 16, 1–16.
- Dios renovó su promesa a Abrán; enfatizó que tendría un hijo con Saray, y que las promesas serían cumplidas por medio de ese niño Isaac, y no por medio de Ismael, el hijo de Agar.

Leer Génesis 17, 15–19.

Estos relatos resaltan el carácter gratuito de la promesa de Dios, que cada vez era más difícil de cumplir, pues la edad de Abrán y Saray avanzaba. Finalmente, Dios premió la disponibilidad de Abrahán a seguir el camino al que lo había llamado dándole un hijo, Isaac.

Reflexión

Recordar el llamado identificado al final de la orientación anterior, y dialogar sobre las tentaciones y problemas que pueden dificultar que la comunidad responda a él.

Llamados a vivir el Evangelio

¿Qué necesitamos hacer para superar las tentaciones y problemas que la comunidad enfrenta?

Orientación 3: Fe y esperanza en situaciones de adversidad

¿Pueden imaginarse la alegría tan grande de Abrahán y Sara cuando nació Isaac, después de esperar por tantos años? Todo iba muy bien, Isaac crecía, y seguramente que sus papás comenzaban a soñar con ser abuelos, pues Dios había dicho a Abrahán: "'Levanta la mirada al cielo y cuenta, si puedes, las estrellas... Así será tu descendencia'" (Génesis. 15, 5). Sí, Isaac era la primera estrella de una multitud que luciría en el inmenso cielo de los tiempos.

El camino al sacrificio. Dios envió a Abrahán una prueba muy fuerte. "Después de esto, Dios quiso poner a prueba a Abrahán, y lo llamó: '¡Abrahán!' El respondió: 'Aquí estoy'. Y Dios le dijo: 'Toma a tu hijo único, a tu querido Isaac, ve a la región de Moria, y ofrécemelo allí en sacrificio, en la montaña que yo te indicaré'" (Génesis 22, 1–2). Estas palabras desgarraron el corazón del patriarca. ¿Cómo renunciar al hijo? —lo más querido en su vida—, ¿cómo podía prometerle Dios que sus descendientes serían más numerosos que las estrellas, si su hijo no viviría?, ¿de dónde sacaría la fuerza para sacrificar a su propio hijo?

Dudas, preguntas, dolor y confusión asaltaron a Abrahán. El Dios que al principio había exigido romper con su pasado, ahora pedía que sacrificara su futuro ofreciéndoselo a él. Había que elegir entre Dios e Isaac. Aparentemente, quedarse con Isaac aseguraba la vida y la esperanza de tener descendencia; decir sí a Dios, era dejarse caer en el abismo de la obscuridad, el dolor, la muerte y el absurdo. ¿Qué haría? ¡Qué misterioso es Dios cuando nos envía estas noches obscuras!

Abrahán eligió a Dios sobre su propio hijo. "Se levantó Abrahán de madrugada, preparó su burro, tomó consigo dos siervos y a su hijo Isaac" (Génesis 22, 3). Caminaron por tres días. Cada minuto, cada paso, tuvo que haber sido un tormento para este hombre. Conforme el momento de la tragedia se acercaba, la angustia ahogaba su corazón. Pero su fe era fuerte y continuaba caminando.

Abrahán seguía la jornada. Ya estaba casi en el lugar del sacrificio. "Al tercer día levantó Abrahán la vista y distinguió de lejos el lugar. Entonces dijo a sus siervos: 'Permanezcan aquí con el burro, mientras el muchacho y yo subimos allá arriba para adorar al Señor; después regresaremos junto a ustedes'" (Génesis 22, 4–5).

Los últimos pasos del camino fueron aún más crudos. Subía la montaña más cansado, la fatiga de la subida y el dolor del corazón lo enmudecían. El tiempo se agotaba y con él la esperanza. Estaba sólo con su hijo, todo era silencio; necesitaba pensar, orar y envolver de vez en cuando, con su mirada triste, la silueta joven de su hijo. "Isaac dijo a Abrahán, su padre: '¡Padre!' El respondió: 'Aquí estoy, hijo mío'. Isaac preguntó: 'Tenemos el fuego y la leña, pero ¿dónde está el cordero para el sacrificio?' Abrahán respondió: 'Dios proveerá el cordero para el sacrificio, hijo mío'" (Génesis 22, 7–8).

La pregunta de Isaac tuvo que haber roto el corazón del caminante. Quizá la angustia se desbordó en lágrimas, pero Abrahán reemprendió el camino, manteniendo su fe en Dios. Su fe era una roca más fuerte que sus temores y angustias en vista del sacrificio que se le había pedido.

Un altar a la esperanza

Una vez que llegaron al lugar que Dios le había indicado, Abrahán construyó el altar; preparó la leña y después ató a su hijo Isaac poniéndolo sobre el altar encima de la leña. Después Abrahán tomó el cuchillo para degollar a su hijo. (Génesis. 22, 9–10)

¿Pueden imaginar la mirada de terror y horror en la cara de Isaac, sus gritos pidiendo clemencia al mirar el brillo del cuchillo? Además, ¿qué habrá sentido Abrahán? En dos segundos ya no habría promesa ni alegría ni esperanza..., no habría cielo ni estrellas, sino sólo la noche obscura. Todo quedaría reducido a un charco de sangre derramada en esa montaña. Pero Dios intervino:

Un ángel del Señor le gritó desde el cielo:
  "¡Abrahán! ¡Abrahán!"
El respondió:
  "Aquí estoy".
Y el ángel le dijo:
  "No pongas tu mano sobre el muchacho ni le hagas ningún daño. Ya veo que obedeces a Dios y que no me niegas a tu hijo único". (Génesis 22, 11–12)

Una vez más, cuando menos lo esperaba, Dios sorprendió a Abrahán y aquel camino de dolor y angustia se convirtió en camino de bendición, alegría y esperanza. Podía mirar de nuevo al futuro con ilusión, contemplar las estrellas y ver en ellas a su descendencia. El abrazo entre el padre y el hijo, en medio de la soledad de la montaña, tuvo que haber sido un momento sublime. Abrahán e Isaac no estaban solos, Dios los acompañaba. Este hombre apostó por Dios y acertó. Por eso Dios lo bendijo diciendo:

"Juro por mí mismo, palabra del Señor, que por haber hecho esto y no haberme negado a tu único hijo, te colmaré de bendiciones y multiplicaré inmensamente tu descendencia como las estrellas del cielo y como la arena de las playas." (Génesis 22, 16–17)

Esta experiencia esclareció que con Dios, no hay imposibles; que Dios siempre cumple sus promesas, ofrece nuevas oportunidades y renueva su llamado; que el Dios de esta familia es también nuestro Dios; que Abrahán y Sara fueron los primeros que creyeron en Dios, y que cada uno de nosotros somos una de aquellas estrellas que Dios mostró a Abrahán una noche en la montaña.

El mensaje de este relato es de vida. En tiempos de Abrahán, se acostumbraban los sacrificios de niños. Dios intervino brindándole en lugar del niño un cordero para el sacrificio. Este cordero prefigura el cordero con que los israelitas celebraron más tarde la salida de Egipto y con el que conmemoran su salvación de la esclavitud. A su vez, Isaac es prefigura de Cristo, quien se ofreció en el altar de la cruz, como el único sacrificio agradable a Dios, para que en adelante todos alcanzáramos la Tierra Prometida —el Reino de Dios— al incorporarnos en el sacrificio de Cristo.

"No pongas tu mano sobre el muchacho
ni le hagas ningún daño...
Todas las naciones de la tierra
obtendrán la bendición a través
de tu descendencia,
porque me has obedecido".
(Génesis 22, 12–18)

El Dios de Abrahán es el Dios de la vida, el Dios que nos ofrece a su Hijo para darnos la vida eterna. La fe de Abrahán es la respuesta de todo creyente que confía en las promesas del Señor y que escucha su llamado. Las pruebas de fe a las que nos enfrentamos vienen de la propia vida. En los problemas, las enfermedades, las crisis, nosotros, como personas de fe, encontramos la mano de Dios que nos llama a una nueva vida, cada vez más plena. Así le pasó a Abrahán y así les pasa a todas las personas de fe, una y otra vez, en las más diversas situaciones a lo largo de su vida.

Reflexión

- ¿Cuáles mensajes son los principales de esta orientación? Escribirlos en una hoja tamaño cartulina.
- Recordar el contenido de toda la reunión (o reuniones si se hicieron dos sobre este tema). Escribir los puntos clave de su reflexión en una hoja tamaño cartulina, así como el llamado de Dios a vivir el Evangelio.

• Identificar algunos sacrificios que hay que hacer para seguir el llamado de Dios.

Llamados a vivir el Evangelio

¿De qué manera pueden ayudarse para ser capaces de ofrecer a Dios los sacrificios que implica seguir su llamado?

Celebración de nuestra fe: Te ofrecemos nuestra vida

Preparación: Llevar una canasta para la ofrenda, música de fondo y dos papeles pequeños de diferente color para cada uno de los miembros de la comunidad.

1. Preparar un altar y colocar la canasta para la ofrenda. Repartir a cada joven los dos papeles pequeños de diferente color. Tocar música de fondo durante la ofrenda y el rito de compromiso.

2. Invitar a ponerse en espíritu de oración y a que cada joven escriba en uno de los papeles algo que desee para sí y, en el otro, algo que desee para otra persona o grupo de personas. Después, escribir también en cada uno de los papeles el sacrificio más grande a realizar para que se cumplan esos deseos. Al terminar, doblar los papeles y depositarlos en la canasta de la ofrenda.

3. Rezar la siguiente oración. Todos responden: "Escucha nuestra oración".

Dios de nuestra vida, cuando te llamamos, tú respondes.
• Transforma los deseos de nuestro corazón, para que se asemejen siempre a los tuyos. Escucha nuestra oración...
• Bendice los esfuerzos y sacrificios que hacemos para caminar contigo. Escucha nuestra oración...
• Acepta los trabajos, angustias y gozos de los inmigrantes que, como Abrahán y Sara, buscan una tierra, un futuro y un hogar con dignidad para sus hijos. Escucha nuestra oración...
• Corrige la confusión de los jóvenes, para que puedan encontrar su camino hacia ti. Escucha nuestra oración...
• Ten piedad de tantas familias que sufren por falta de casa, trabajo y salud. Ayúdanos a ser generosos y a saber cómo ayudarlas. Escucha nuestra oración...

Dios, creador de todo lo bueno, te damos gracias por la fe que nos das. Ayúdanos a escuchar tu llamado, a continuar nuestro caminar, y a hacer contigo la historia de salvación para toda la humanidad. Te lo pedimos por Jesucristo, nuestro Señor. Amén.

4. Tomar unos minutos para escuchar lo que Dios quiere decir a cada uno a la luz del mensaje de esta reunión. En su libro o diario escribir algunas frases que les ayuden a recordar estas palabras de Dios.

5. Cada joven medita en silencio sobre lo que escribió. Basados en esta meditación se hace un compromiso individual para responder a un llamado específico de Dios.

6. Se ponen de pie, y cada persona dice en voz alta: "Señor, tú sabes lo que me he propuesto, ayúdame a llevarlo a cabo". Todos responden: "¡Amén!"

7. Finalizar con una canción que hable de la fe de la comunidad en Dios, o con un abrazo que nos recuerde que la fe pasa de una persona a otra.

Éxodo, Liberación y Alianza

El Señor siguió diciendo:

"¡He visto la opresión de mi pueblo en Egipto, he oído el clamor que le arrancan sus opresores y conozco sus angustias! Voy a bajar para librarlo del poder de los egipcios. Lo sacaré de este país y lo llevaré a una tierra nueva y espaciosa, a una tierra que mana leche y miel".

—Éxodo 3, 7–8

Esquema

Objetivos

- Fortalecer nuestra vocación para ser libres como pueblo de Dios.
- Reflexionar sobre el Éxodo como una experiencia fuerte de liberación y como el acontecimiento fundador del pueblo de Israel.
- Descubrir el llamado de Dios a colaborar en su proyecto divino.

Plan de la reunión

Oración de apertura

Experiencia de vida:
Identificación de nuestras esclavitudes y sufrimientos

Iluminación para la acción
Orientación 1: Un pueblo vive su historia desde una perspectiva de fe
Orientación 2: La alianza de Dios con su pueblo
Orientación 3: Principales enseñanzas del Éxodo

Celebración de nuestra fe: Somos parte del pueblo de la alianza

Nota: Dada la riqueza de este tema, se recomienda dividirlo en dos reuniones, para contar con el tiempo necesario para reflexionar sobre las lecturas bíblicas.

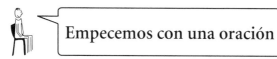

Empecemos con una oración

La reunión anterior se centró en el peregrinar en la fe. Hoy reflexionaremos en la fe como medio de liberación de diversos tipos de esclavitud y sufrimiento causados por el pecado. Empecemos la reunión pidiendo a Dios que nos salve de las esclavitudes que nos impiden vivir según su plan de amor. Cada joven puede ofrecer una oración espontánea pidiendo por alguna liberación específica. Todos responden: "Libéranos, Señor".

Experiencia de vida:
Identificación de nuestras esclavitudes y sufrimientos

Preparación: llevar a la reunión revistas, periódicos, goma de pegar, y cualquier otro artículo necesario para hacer un periódico mural *(collage)*.

1. Cada joven identifica en las revistas o periódicos, ilustraciones o encabezados que muestren formas de esclavitud y sufrimiento de las personas; escoger ejemplos relacionados con sus propias experiencias.

2. Cada joven corta y pega sus ilustraciones o encabezados en una hoja tamaño cartulina, para construir un periódico mural como comunidad.

3. Todos los jóvenes observan el periódico mural y explican porqué escogieron esas imágenes y cómo se relacionan con sus experiencias de esclavitud o sufrimiento.

Iluminación para la acción

Los israelitas sufrieron muchas formas de opresión durante su exilio en Egipto. En esta reunión reflexionaremos sobre la manera de cómo Dios los sacó de Egipto, y sobre el tipo de alianza que hizo con el pueblo de Israel. Esta reflexión fortalecerá nuestra fe y nos ayudará a enfrentar la opresión con esperanza.

Orientación 1:
Un pueblo vive su historia desde una perspectiva de fe

Los descendientes de Abrahán, Isaac y Jacob fueron a Egipto en busca de comida y bienestar, pues en la región donde vivían había una gran sequía y el ganado se moría de hambre. Las autoridades de Egipto, un país rico y próspero, los dejaron quedarse. Al principio encontraron los pastos y la comida que buscaban, pero más tarde fueron esclavizados, y el bienestar del principio se convirtió en una experiencia de injusticia, miseria y opresión. Más tarde, conmovido por el sufrimiento de los israelitas, Dios escogió a Moisés para que los liberara y los condujera a la Tierra Prometida.

La salida de Egipto y el viaje hacia la Tierra Prometida se conoce como el Éxodo, que quiere decir *camino de salida*. Varios libros del Antiguo Testamento, especialmente el libro del Éxodo, relata hechos que se llevaron a cabo bajo el liderazgo excepcional de Moisés. Dios, que liberó a los israelitas de la esclavitud, celebró una alianza con ellos y los hizo descubrir tanto el pecado en su corazón como su piedad divina. Este Dios se quedó misteriosamente con ellos, para acompañarlos en el proceso eterno de la liberación humana y de la salvación del pecado.

Dios prepara a Moisés para ser profeta de liberación. Muchos años después de la llegada de los israelitas a Egipto, ante el miedo de su crecimiento demográfico, el faraón dictó una ley que ordenaba matar a todos los varones israelitas al nacer. Esta noticia llenó de horror a los israelitas, pero Dios actuó a través de algunas comadronas egipcias que desobedecieron al faraón y se rehusaron a asesinarlos. Éste fue uno de los primeros casos de desobediencia civil, donde las personas obedecían a Dios antes que al rey.

Una mujer israelita dio a luz a un niño al que ocultó por tres meses, pero temiendo que lo mataran, lo dejó en un cesto en las aguas del río Nilo, con la esperanza de que la hija del faraón lo encontrara, sintiera ternura por él y lo rescatara. Eso fue lo que sucedió: la hija del faraón se compadeció del bebé, lo salvó del río y le dio por nombre Moisés, que quiere decir *sacado de las aguas*. La hermana de Moisés se ofreció a buscar a una mujer que lo amamantara —y eligió a su propia madre—. Así, Moisés se crió con el cariño de su madre y fue educado en el palacio del faraón como un príncipe.

Mientras Moisés crecía, la opresión del pueblo israelita incrementaba. El pueblo clamaba a Dios por ayuda pero pensaba que no era escuchado, pues no sabía que Dios ya había respondido a sus oraciones al salvar de la muerte a su futuro liberador.

Moisés experimenta la injusticia que sufría la gente de su raza. El rechazo por su propio pueblo y las amenazas del faraón fueron constantes en la vida de Moisés, hasta el momento del cumplimiento de su misión liberadora. La vida de otros profetas, incluyendo a Jesús, está marcada por la misma dinámica de rechazo y amenazas. Pero, al igual que en la vida de Moisés, tarde o temprano, el cumplimiento de su misión da frutos, pues siempre está apoyado por Dios. Los Hechos de los Apóstoles relatan, a las primeras comunidades, la historia de Moisés, para recordar sus orígenes.

Leer Hechos de los Apóstoles 7, 24–28.

Moisés se encuentra con Dios. Moisés pensó que sus días terminarían en el desierto como pastor de ovejas, pero Dios tenía otros planes.

Leer Éxodo 3, 1–15.

En el capítulo 3 del Éxodo, Dios se manifiesta a Moisés a través de un signo muy poderoso: una zarza que estaba ardiendo, pero no se consumía. En ese contexto, Dios revela su nombre: Yahvé, que quiere decir: "'Yo soy el que soy'" (3, 14). Dios dijo también, "'Yo soy' me envía a ustedes". Con este nombre el pueblo de Israel entendió que Dios estaba siempre presente y activo entre ellos.

Yavé es un Dios de vida, sensible a la injusticia, que elige a Moisés como su emisario y portavoz, un profeta. Moisés se resiste, tiene miedo al fracaso; le dice a Dios que nadie le creerá; protesta que no tiene las cualidades necesarias para este tipo de liderazgo, le pide que envíe a otra persona. Pero ante la insistencia de Dios, Moisés cede y acepta su misión.

"No teman, manténganse firmes y verán la victoria que les va a dar hoy el Señor".
(Éxodo 14, 13)

Dios revela su oposición a la injusticia. Al principio, Moisés estuvo solo. El faraón no quería liberar a los israelitas, pues necesitaba su mano de obra barata para realizar las construcciones. Además, el mismo pueblo no creía en Moisés. Pero ayudado por Dios, logró que los israelitas tomaran conciencia del llamado de Dios a su liberación y de la necesidad de escapar de la injusticia.

Finalmente, después de sufrir una serie de pruebas y plagas, el faraón dejó salir a los israelitas del país, pero pronto se arrepintió de haberlos dejado marchar y envió a un ejército para capturarlos. Sin embargo, los israelitas pasaron sin dificultad el mar Rojo, mientras que los egipcios se ahogaron en sus aguas. Los israelitas vieron en esos acontecimientos "el brazo poderoso de Dios" que los salvaba de la esclavitud.

La Biblia se refiere a los sucesos de la noche en que los israelitas salieron de Egipto, bajo la protección del Dios de la promesa, como la Pascua o la transición de la esclavitud a la liberación. A partir del

Éxodo, la Pascua significó para ellos el paso de la esclavitud a la liberación, la gran primavera en la que Dios los liberó del yugo egipcio mediante una serie de eventos providenciales.

El credo y el culto antiguo. La huida de Egipto fue la experiencia fundamental que tuvieron los israelitas de la acción liberadora de Dios, el Dios de Abrahán, de Isaac y de Jacob. Esta experiencia de fe fue transmitida de padres a hijos de generación en generación, tanto verbalmente como a través de celebraciones rituales. A través de este proceso, el pueblo escogido desarrolló el credo más antiguo sobre su Dios, credo que se mantuvo vivo gracias a las celebraciones litúrgicas que realizaban la función de un memorial.

Leer Deuteronomio 26, 1–10.

Lo primero que hizo Moisés al salir de Egipto fue ofrecer a Dios, junto con su pueblo, un sacrificio de adoración y gratitud. A lo largo de toda la historia, el pueblo israelita ha mirado a su pasado y recordado la intervención de Dios como su liberador. La experiencia del Éxodo es fundamental en la alianza de los israelitas con Dios y en la reflexión sobre su historia como pueblo de fe.

Reflexión

1. Recordar una experiencia donde han sentido la acción liberadora de Dios.

2. Compartir estas experiencias de liberación.

Llamados a vivir el Evangelio

A la luz de su propia experiencia y de la reflexión anterior, analizar las experiencias de liberación compartidas en el grupo. Identificar algunas acciones que pueden ser fuente de liberación para los miembros de su pequeña comunidad, de otros jóvenes y de la sociedad en general.

Orientación 2: La alianza de Dios con su pueblo

Ante el hambre y la sed que enfrentaron en su jornada por el desierto, los israelitas estuvieron tentados a regresar a la esclavitud. Sin embargo, Dios los protegió enviándoles agua y alimento (maná), ayudándolos así a mantenerse fieles en el camino a la libertad. Los capítulos 16 y 17 del libro del Éxodo relatan varias maneras como

Dios mostró a los israelitas su amor y su cuidado. Así fueron preparándose para su primera alianza con Dios como *pueblo unificado,* ya no como familias y tribus separadas, como en época de los patriarcas.

El acontecimiento más importante del Éxodo es la alianza religiosa de Dios con el pueblo de Israel. La liberación sociopolítica de Egipto fue el principio de algo más profundo: Dios hizo de los israelitas, ahora ya libres, el pueblo escogido, una nación santa, consagrada al servicio de Dios. A partir de esta alianza, sellada con los diez mandamientos, los israelitas quedaron constituidos como un pueblo, dejando de verse como las tribus descendientes de Israel.

El aspecto más importante de la alianza es que Dios se comprometió para siempre con el pueblo escogido y le pidió, en respuesta, que le demostrara su amor a él y un respeto especial hacia el prójimo. El libro del Éxodo relata que durante la trayectoria en el desierto, el pueblo fue muchas veces infiel a Dios, pero cuando se arrepentía y reformaba su vida, Dios lo perdonaba, reestableciendo así la alianza rota por su pecado.

Leer Éxodo 20, 1–17.

Reflexión

Repasar los diez mandamientos de la alianza. Escoger dos que, al cumplirlos, influirán fuerte y positivamente en la vida de los miembros de la comunidad. Explicar porqué se escogieron esos dos mandamientos.

Llamados a vivir el Evangelio

- Formar grupos de cuatro o cinco personas. Discernir qué puede hacer la comunidad para ayudar a todos sus miembros a guardar mejor los dos mandamientos escogidos.
- Compartir sus reflexiones con la pequeña comunidad.

Orientación 3: Principales enseñanzas del Éxodo

El libro del Éxodo relata un camino lleno de tropiezos, tiempos difíciles, errores y angustias, pero, a la vez, un trayecto guiado por la esperanza, afianzado por la fe y dirigido por el amor de Dios. Es un trayecto siempre renovado donde las nuevas fuerzas acaban superando el cansancio; el deseo de lealtad a la alianza se impone sobre el pecado, y las personas cada vez se dan más cuenta de que Dios las quiere libres y les traza el camino hacia la verdadera felicidad. El libro del

Éxodo tiene muchas enseñanzas para nosotros los cristianos. Aquí señalamos las principales:

Nuestro Dios es un Dios de justicia y de liberación. Dios quiere liberar a la gente de la esclavitud del pecado, las opresiones y la miseria, tanto individuales como sociales. El libro del Éxodo muestra el paso del pecado a la gracia, del mal al bien, de la muerte a la vida.

Moisés prefigura a Cristo. Moisés cargó con el peso de la liberación de los israelitas; fue el intermediario para obtener el perdón de sus pecados personales y sociales, y condujo al pueblo a la Tierra Prometida. Cristo es el liberador de toda la humanidad, el redentor de cada persona, el Salvador de todos los pueblos de la tierra, quien nos conduce a la plenitud del Reino de Dios.

La pascua del Éxodo prefigura el misterio pascual. La liberación de la esclavitud de Egipto; el pasar de una situación de muerte a una de vida, nos prepara para comprender que Dios hizo posible la victoria sobre el mal y la vida eterna en comunión de amor con él, me-

diante la muerte y resurrección de Jesús. El cordero pascual ofrecido para celebrar la salida de Egipto es para los cristianos un símbolo de Cristo, quien se ofreció para la salvación de toda la humanidad.

Los israelitas tuvieron que atravesar el desierto para llegar a la Tierra Prometida. Toda liberación, sea personal, social o espiritual, es un trayecto largo y difícil, que requiere esfuerzo y compromiso. Como sucedió al pueblo israelita en el desierto del Sinaí, el camino a la liberación está lleno de tentaciones, infidelidades, dudas y un deseo de regresar a la comodidad de lo conocido. Pero Dios nos acompaña y nos da fuerzas para la jornada.

La alianza del Éxodo prefigura la alianza de Cristo con nosotros. A la alianza del Éxodo se le llama comúnmente la antigua o primera alianza. A partir de ella, Dios escoge a los israelitas y los preparara para la alianza definitiva mediante el culto, la Ley y los profetas. Los cristianos sabemos que esta alianza definitiva —usualmente llamada la nueva alianza o Nuevo Testamento— llegó con Jesús, el Mesías. Por ella vivimos en Cristo y formamos el nuevo pueblo de Dios, el Cuerpo de Cristo. La nueva alianza no es sólo con el pueblo israelita sino con toda la humanidad.

Los diez mandamientos preparan para el Evangelio de Jesús. El libro del Éxodo es el libro de la Ley. En él se encuentra la guía de cómo debía vivir el pueblo israelita para mantener su alianza con Dios. Bajo la nueva alianza realizada en Jesucristo, no basta cumplir los diez mandamientos, debemos vivir el Evangelio, la nueva ley de Cristo.

Reflexión
- Leer en silencio las enseñanzas anteriores, y escoger la que tenga el mensaje más importante para su vida.
- Compartir con la comunidad el mensaje escogido y explicar porqué lo consideran el más importante para su vida

Llamados a vivir el Evangelio
En vista de lo compartido, ¿a qué se sienten llamados como comunidad de jóvenes cristianos?

Celebración de nuestra fe:
Somos parte del pueblo de la alianza

Preparación: Llevar dos velas, cerrillos o fósforos, un par de sandalias, un bastón, una mochila, un pan y una cantimplora.

1. Colocar un altar con la Biblia junto con el resto de los objetos. Explicar el proceso para la celebración.

2. Empezar con un canto que hable de jornada y peregrinación. Deberá cantarse caminando en procesión dentro del salón de la reunión o, de preferencia, al entrar desde una calle o pasillo.

3. Leer el Salmo 135.

4. Hacer una reflexión compartida basada en la siguiente pregunta: ¿Qué nos dice la experiencia del Éxodo sobre nuestro Dios, nuestra historia como pueblo de fe, nuestra vida personal, y nuestra vocación?

5. Tomar unos minutos para escuchar lo que Dios nos quiere decir sobre el mensaje de esta reunión. Escribir en su libro o diario algún recordatorio de las palabras de Dios para cada uno.

6. De nuevo, ir en procesión, ahora hacia el altar. Al llegar, cada joven escoge un símbolo que hable a su corazón y lo toma en sus manos; reza en voz alta, y después regresa el símbolo al altar para que otros jóvenes lo puedan usar. La comunidad responde a cada oración cantando: "Señor, escucha nuestra oración".

7. Para terminar la reunión, entonar una o dos estrofas del canto inicial.

Jesús,
la Alianza Nueva y Eterna

Porque Dios es único, como único es también el mediador entre Dios y los hombres: un hombre, Jesucristo, que se entregó a sí mismo para redimir a todos. Este es el testimonio dado a su debido tiempo.

—1 Timoteo 2, 5–6

Esquema

Objetivos

- Reflexionar sobre Jesús como la revelación de Dios en nuestra historia de salvación.
- Descubrir que en Jesús se realiza la alianza nueva y eterna prometida en el Antiguo Testamento.

Plan de la reunión

Oración de apertura

Experiencia de vida: Personas y hechos significativos en la historia

Iluminación para la acción
Orientación 1: Jesús se encarna en la historia de salvación
Orientación 2: La misión de Jesús es hacer presente el Reino de Dios
Orientación 3: Jesús vive en la historia

Celebración de nuestra fe: Testigos de la alianza con Jesús

Nota: Dada la riqueza del material y la profundidad de reflexión requerida para aprovecharlo, se recomienda dividir este tema en dos reuniones.

Empecemos con una oración

Esta reunión se centra en Jesús como la alianza nueva y eterna. La empezaremos rezando una letanía de títulos que se le dan a Jesús. Después de cada título, todos responden: "¡Bendito seas, Señor!"

Jesús, Palabra de Dios	Jesús, Cordero de Dios que quita el pecado
Jesús, sabiduría eterna	Jesús, Rey de justicia y paz
Jesús, Hijo de Dios	Jesús, Camino, Verdad y Vida
Jesús, Hijo de Abrahán	Jesús, Salvador de nuestros pecados
Jesús, Hijo de María	Jesús, imagen del Dios invisible
Jesús, Hijo de José	Jesús, manso y humilde de corazón
Jesús, Hijo amado	Jesús, abogado de los necesitados
Jesús, el Mesías	Jesús, profeta del Reino
Jesús, el carpintero	Jesús, consejero admirable
Jesús, principio y fin	Jesús, Resurrección y vida
Jesús, testigo fiel	Jesús, alianza nueva y eterna
Jesús, buen pastor	Jesús, Salvador del mundo
Jesús, pan de vida	Jesús, piedra angular de la iglesia
Jesús, luz del mundo	Jesús, cabeza del Cuerpo, la iglesia

Experiencia de vida:
Personas y hechos significativos en la historia

1. Formar dos grupos. Uno hará una descripción de las aportaciones de un personaje histórico famoso que haya seleccionado; el otro, describirá brevemente los principios e ideales que condujeron a la formación de Estados Unidos o del país de origen de alguno de los jóvenes en el grupo.

2. Cada grupo comparte su descripción con la comunidad.

3. La comunidad identifica el impacto que ha tenido el personaje histórico y los principios e ideales del país, descrito en la sociedad actual y en la vida de los miembros de la comunidad.

Iluminación para la acción

La historia sucede día a día con cantidad de hechos que pasan desapercibidos y otros que llaman la atención por lo notable que son. El ejercicio anterior nos recordó dos tipos de hechos significativos:

- Las acciones de personajes que tuvieron un impacto en la historia con sus ideales y pensamientos; sus valores, principios y sentimientos; su mensaje y sus expectativas para la humanidad. Cuando admiramos y compartimos lo que estas personas valoran, las convertimos en modelos y héroes que pasan a ser parte de nuestra vida.
- Los momentos cruciales en la historia de las naciones que se convierten en puntos de referencia para fundamentar su origen, valorar su pasado y dar dirección a su futuro: su constitución, el nombre del país y los ideales de los fundadores.

En esta reunión, reflexionaremos sobre Jesús como una persona que marcó la historia con el establecimiento de la nueva alianza prometida al pueblo de Israel. Veremos cómo, la vida, muerte y resurrección de Jesús señalan el principio de una nueva forma de vivir y de comprender la historia.

Orientación 1: Jesús se encarna en la historia de salvación

Jesús es el centro y el protagonista de la revelación de Dios en la historia de salvación. En Jesús de Nazaret se da la plenitud al diálogo siempre presente entre Dios y la humanidad, la plena revelación de Dios a Israel y a toda la humanidad. En él encontramos el significado de nuestro origen y de nuestra vida.

En los misterios de la vida de Jesús captamos la plenitud de la alianza de Dios con la humanidad. El misterio de la encarnación hace evidente, una vez más, la dignidad del ser humano, y respeta la libertad de cada persona a reconocer o no al Hijo de Dios. Los relatos sobre José, quien aceptó el misterio de Jesús; los pastores y los magos, quienes fueron a adorarlo y a honrarlo, y de Herodes, quien quería matarlo, muestran las opciones que la humanidad ha tenido frente a este niño que es Dios.

Jesús se hace humano como nosotros en todo, excepto en el pecado; no porque le sea más fácil evitar el pecado por ser Dios, sino porque siendo persona por excelencia, el pecado —que va contra el

Historia de salvación

Creación   Patriarcas   Profetas

Iglesia actual   Discípulos

ser humano— no puede ser parte de él. Cuando se reconoce la humanidad de Jesucristo nace una nueva esperanza para todas y cada una de las personas. Su encarnación afirma que estamos llamados a la santidad y que no somos esclavos del pecado. El plan de Dios siempre fue dar vida, nunca condenar o castigar a la humanidad; esto quedó muy claro en Jesús. Las consecuencias del pecado no tienen dominio sobre él, y el pecado no tiene dominio sobre los cristianos que viven su alianza con Dios.

Reflexión

Compartir cómo Jesús los ha ayudado a abandonar conductas que los destruyen a ustedes o dañan a otras personas.

Llamados a vivir el Evangelio

Identificar cómo pueden ayudarse a abandonar conductas dañinas.

Orientación 2:
La misión de Jesús es hacer presente el Reino de Dios

Jesús comenzó su misión a partir de su bautismo celebrado en el río Jordán en el cual recibió la revelación de su relación filial (de hijo) con Dios Padre. Esta revelación proclama, una vez más, la solidaridad de Dios con la humanidad.

La misión de Jesús puede resumirse en la instauración del Reino de Dios, al proclamar y hacer presente su amor hacia nosotros. Jesús hizo presente el Reino de Dios en el contexto histórico de su pueblo, anunciándolo a partir de su propia tradición, haciéndolo realidad en la situación en que vivía. De esta manera llevó a su plenitud el mensaje de los mandamientos y los profetas, como lo dijo el mismo Jesús: "'Les doy un mandamiento nuevo: Amense los unos a los otros. Como yo los he amado, así también ámense los unos a los otros. Por el amor que se tengan los unos a los otros reconocerán todos que son discípulos míos'" (Juan 13, 34–35).

Los hechos de Jesús, sus actitudes y acciones entre la gente, junto con sus enseñanzas y milagros, son señales de la vida nueva que había sido anunciada por los profetas. Es la misma alianza con Dios que ahora se abre claramente a toda la humanidad, un amor que se traduce en una constante preocupación por todas las personas. La alianza con Dios no terminó en el acontecimiento del Sinaí, sino que, a partir de Jesús, se realiza en todos sus seguidores, y se confirma cuando proclamamos y hacemos presente el Reino de Dios con nuestras acciones de amor, justicia y paz. A continuación se presentan cinco dimensiones de esta alianza nueva y eterna establecida por Jesús y que sigue realizándose hoy en nuestra vida:

1. Dios es comunidad. El misterio de la encarnación del Hijo de Dios por medio del Espíritu Santo a la comunidad cristiana, revela el misterio trinitario de Dios Padre, Dios Hijo y Dios Espíritu Santo: la comunidad de Dios-amor. Jesús envió a sus discípulos a llevar la Buena Nueva a todos los pueblos de la tierra y a formar comunidades siguiendo el modelo de Dios-comunidad; de esta manera, Jesús puso los fundamentos de su iglesia como comunidad de creyentes y **sacramento** de Cristo.

Nosotros, como personas bautizadas en Jesucristo, no podemos vivir aislados. El Espíritu de Dios se manifiesta en nuestra solidaridad comunitaria y en nuestra participación en la Eucaristía.

2. Dios quiere vida, dignidad y libertad para todas las personas. El Dios providente de la creación continúa viviendo entre las personas a través de Jesús, quien recibe y perdona a los pecadores; sana a los enfermos, alimenta a los hambrientos, libera a los esclavos y da honra a los humildes; se identifica con los pobres, con aquéllos a quienes se les niegan sus derechos civiles, y aquéllos que son despreciados por la sociedad; incluso da vida a los muertos. Jesús sigue realizando estas acciones entre nosotros y a través de nosotros, revelándose continuamente como Dios de Vida. Continúa cambiando vidas que aparentemente no tienen ningún significado, sanando corazones destrozados, abriendo puertas y caminos, respetando y valorando a los marginados.

Como comunidad de Jesús, nos toca hacer presente a Dios entre las personas. Igual que él, debemos promover constantemente la vida, la dignidad y la libertad de toda la gente.

3. Dios tiene una opción preferencial por los pobres. Jesús manifiesta la opción de Dios por los pobres. Nació en una familia pobre, en un pesebre afuera de la ciudad porque no había lugar para ellos en las posadas donde solían hospedarse los viajeros; el primer anuncio de su nacimiento fue a los pastores, quienes eran pobres; sus padres ofrecieron dos palomas por él en la presentación en el templo, porque eran pobres; los apóstoles eran personas humildes, no eran sabios ni ricos; en su predicación, Jesús constantemente proclamó el favor de Dios por los pobres y los humildes. La estrategia de Dios es dar a conocer la nueva alianza de su Hijo a través de la vida de los pobres.

La llegada del Reino de Dios se da, en primer lugar, entre los pobres. Como seguidores de Jesús, también debemos darles un lugar privilegiado en nuestro corazón y en nuestras acciones. Esta preferencia implica ver la vida desde la perspectiva de los pobres, siempre que estén en juego su vida, su dignidad y su libertad, y significa ser solidarios en su lucha por la liberación y la justicia.

4. La nueva alianza nace del amor. Dios no se detiene para darnos vida, incluso mandó a su Hijo para que viviera entre nosotros y nos diera testimonio claro de su amor divino. La promesa —hecha a Abrahán y a los israelitas— sobre la tierra se extiende ahora en la promesa de un cielo nuevo y una tierra nueva, basándose en el amor entre las personas. Al igual que el pueblo de Israel se preparó para conquistar la Tierra Prometida en su marcha por el desierto, a nosotros, como el nuevo pueblo de Dios, nos toca vivir nuestro compromiso de amar.

5. La resurrección de Jesús selló la nueva alianza. La resurrección de Jesús es el sello de la nueva alianza. Con ella, el Dios-hecho-hombre venció la muerte y alcanzó la vida eterna para él y para cada uno de nosotros. La resurrección de Jesús revela nuestro propio futuro: después de la muerte, viviremos con él. La resurrección es la raíz de nuestra esperanza y de ella brota la posibilidad de nuestra realización plena. Como profetas de esperanza, nos corresponde dar testimonio de nuestra fe en la fidelidad de Dios y de nuestra fe en que gozaremos de la vida eterna al cumplir el mandamiento de amor.

Reflexión

Revisar las dimensiones de la alianza presentadas anteriormente y dialogar sobre las siguientes preguntas:

- ¿Cuál es la dimensión más fácil para ser entendida y aceptada por ustedes? ¿Por qué?
- ¿Cuáles dimensiones presentan más desafíos para cada uno de ustedes y para su comunidad?

Llamados a vivir el Evangelio

Hacer una lluvia de ideas sobre cómo pueden ayudarse a vivir la alianza con Dios.

Orientación 3: Jesús vive en la historia

Al recordar la vida de los personajes famosos vimos que los conocemos mejor por sus acciones que por los detalles de su vida. Los Evangelios tienen pocos detalles sobre la vida de Jesús, pero muestran sus acciones. Las reflexiones de las primeras comunidades cristianas presentadas por los evangelistas, completan el panorama.

El misterio pascual: prueba del amor de Dios. La pasión, muerte y resurrección de Jesús nos dan la certeza de la fidelidad de Dios a la alianza. Para darnos vida, Dios no escatimó la vida de su propio Hijo. La pasión y muerte de Jesús muestra la magnitud de la identifación de Dios con la humanidad, y en su resurrección muestra que la muerte ha sido vencida y ya no tiene dominio sobre nosotros. Desde ahora, el sentido del dolor, el sacrificio, la enfermedad y la muerte están ligados a la vida: la opción por el amor y la vida es lo único que perdura.

La vida nueva de la resurrección, de la cual participamos desde nuestro bautismo, es la esperanza del discípulo que sabe que dando la vida por el Evangelio obtiene la vida eterna. La prioridad en nuestra vida de fe es el compromiso para amar; la ofrenda de nuestra propia vida en servicio del prójimo es la medida de nuestra fidelidad a la nueva alianza.

La iglesia: sacramento de Jesús. La comunidad de creyentes reconoce en Jesús la revelación plena de Dios, y es a través de esa comunidad que conocemos a Dios y recibimos su vida. El compromiso de la nueva alianza es ser canal de la gracia de Dios y continuar la misión que nos encomienda Jesús: ir por todo el mundo y hacer de todas las personas discípulos suyos —discípulos que se comprometan a dar la vida por el prójimo—, como lo hizo Jesús.

En Jesucristo encontramos siempre la fuente de nuestra misión. La vida y la praxis de Jesús son nuestro modelo. Como iglesia estamos llamados a ser instrumentos de Jesús, testigos que hacemos presentes sus hechos y palabras salvíficas en nuestro momento histórico.

Reflexión

1. Pensar en cómo impacta la resurrección de Jesús nuestra vida como comunidad de bautizados al reflexionar sobre las siguientes preguntas:
- ¿Cómo vivimos la experiencia de personas resucitadas con Jesús?
- ¿Cómo celebramos la resurrección a través de los sacramentos?

2. En una hoja tamaño cartulina, dibujar un emblema o escudo, para ello, usar algunos símbolos que expresen la manera de cómo la comunidad vive su experiencia de Jesús resucitado.

Llamados a vivir el Evangelio
A la luz de la reflexión realizada en esta reunión y del emblema que acaban de hacer, identificar las áreas en las cuales necesitan intensificar su experiencia y testimonio de fe en Jesús resucitado en ustedes y entre ustedes.

Celebración de nuestra fe: Testigos de la alianza con Jesús

Preparación: Llevar una Biblia, una vela grande, cerillos o fósforos, y una banderita para cada miembro de la comunidad. Las banderitas pueden ser hechas con un palito, una tarjeta para notas y una base hecha de plastilina.

1. Colocar un altar en el suelo con la Biblia y la vela. Dar a cada joven una banderita.

2. Cantar una o dos estrofas de algún canto que hable de nosotros como miembros del pueblo de Dios que construye activamente el Reino.

3. Leer Marcos 16, 15–20. Después, realizar una reflexión compartida con base en las siguientes preguntas:
- ¿Qué desafíos nos presenta esta misión hoy día?
- ¿Qué señales confirman que estamos haciendo presente el Reino de Dios entre las personas?

4. Tomar unos minutos para escuchar lo que Dios quiere decir a la luz del mensaje de esta reunión. Escribir en su libro o diario algunas frases que les recuerden las palabras de Dios.

5. El facilitador/a invita a los miembros de la comunidad a hacer lo siguiente:

- escribir en la banderita alguna acción o enseñanza de Jesús de la que se quiere dar testimonio en su comunidad o entre sus amigos o familiares;
- pensar el tipo de conversión que se requiere para dar ese testimonio: ¿purificar sus sentimientos?, ¿fortalecer su voluntad?, ¿lanzarse a la acción?, ¿mayor formación intelectual?, ¿adquirir más habilidades?;
- escribir en qué aspectos de su vida necesitan trabajar, con la ayuda de Dios, para ser mejores testigos de Jesús.

6. Pasar en procesión a depositar las banderitas en el altar, formando con ellas un círculo alrededor de la vela y la Biblia, como símbolo de su deseo de ser una comunidad de testigos. Al colocar las

banderitas, cada joven dice en voz alta: "¡Señor, ayúdame a ser testigo tuyo!" Todos responden: "Escucha nuestra oración, te lo pedimos como comunidad tuya".

7. Para terminar la reunión, entonar otras estrofas del canto con que se inició la oración.

Coprotagonistas con Dios en la Historia

Así dice el Señor Dios...,
Yo, el Señor, te llamé
según mi plan salvador;
te tomé de la mano, te formé
y te hice mediador del pueblo...,
para abrir los ojos a los ciegos,
para sacar prisioneros de la cárcel,
y del calabozo
a los que viven en tinieblas.

—Isaías 42, 5–7

Esquema

Objetivos

- Tomar conciencia de que la historia se construye mediante las múltiples y diversas experiencias que constituyen la vida de las personas y de los pueblos.
- Incrementar la sensibilidad social frente a la situación en que vive el pueblo hispano en Estados Unidos.
- Fomentar la participación consciente como coprotagonistas con Dios en la historia.

Plan de la reunión

Oración inicial y experiencia de vida: Un pueblo que camina

Iluminación para la acción
Orientación 1: Los migrantes, constructores de la historia
Orientación 2: Forjadores de la historia de salvación
Orientación 3: La fe, la esperanza y el amor como fuerzas conductoras de la historia

Celebración de nuestra fe: Construimos la historia con Dios

 Empecemos con una oración

Desde que empezamos a reflexionar sobre nuestra alianza con Dios, hemos tomado conciencia de nuestra colaboración con Dios en la historia. Hoy nos centraremos en la invitación a ser **coprotagonistas** con Dios en la historia. Haremos nuestra oración de apertura combinándola con la experiencia de vida.

Oración inicial y experiencia de vida: Un pueblo que camina

1. El objetivo de este ejercicio es identificar cómo cada uno o alguien cercano a ustedes, ha ayudado a hacer la historia. En silencio, seleccionar a esa persona y pensar cómo ha influido de manera positiva en dar dirección a su vida personal o a la vida de su familia, compañeros de escuela o trabajo o de un sector de la sociedad.

2. Escribir dos frases en una hoja pequeña de papel: una, que exprese la acción o acciones que la persona haya tomado que colaboraron al hacer la historia; la otra, que exprese las consecuencias positivas y determinantes de la acción. Compartir lo que se escribió.

3. Reflexionar como comunidad sobre lo que significa hacer historia en el mundo hoy día.

4. Quienes así lo deseen, hacen una oración relacionada con las experiencias compartidas. Todos responden: "Escucha nuestra oración".

Iluminación para la acción

Durante la experiencia de vida compartimos la manera cómo nosotros o personas cercanas a nosotros han hecho la historia. Las siguientes orientaciones nos ayudarán a reflexionar sobre cómo varias fuerzas impactan el hacer la historia.

Orientación 1: Los migrantes, constructores de la historia

Los movimientos de grandes poblaciones han sido múltiples en la historia y con frecuencia dolorosos. Generalmente, la marcha es lenta, difícil y en muchos sentidos trágica; muchas personas mueren sin realizar su esperanza de llegar a una tierra que les dé vida y sustento. Nuestros ancestros de origen indígena fueron migrantes hasta que encontraron tierras que hicieron suyas, donde desarrollaron sus culturas y dieron vida a las siguientes generaciones. Lo mismo pasó con los europeos que llegaron a América hace cinco siglos. Todos fueron pueblos migrantes.

Recientemente los pueblos latinoamericanos, asiáticos y africanos se han visto obligados a emigrar para escapar de la pobreza o la violencia en sus países de origen. Muchas personas han escogido inmigrar a Estados Unidos.

Toda migración es difícil, sea cruzando los océanos o tierras desconocidas. Compartir los recursos naturales con otros grupos humanos, relacionarse con personas de distinta lengua, cultura o religión siempre son desafíos para los inmigrantes, así como para los pueblos ya establecidos a donde éstos llegan. Cada pueblo enfrenta estos desafíos de diferentes formas, según su cultura y religión, pero, con frecuencia, el más fuerte —con mayores recursos— termina dominando, discriminando, explotando o aniquilando al más débil.

Inmigrantes con esperanza. La historia del pueblo latino en Estados Unidos está marcada por diversas generaciones de inmigrantes. Algunos llegaron a estas tierras hace más de quinientos años; otros, recientemente. Cada año miles de personas cruzan la frontera de Estados Unidos; sus rostros reflejan el deseo de superarse y de conquistar mejores condiciones de vida, que en sus países son casi imposibles de lograr. La mayoría deja su país con el corazón destrozado, arriesgando lo que tiene por un futuro incierto, convirtiéndose en un pueblo abierto a la posibilidad de no regresar jamás a su tierra natal.

Emigrar es trasladarse de un lugar a otro; es un signo visible de un caminar humilde, con esperanza de encontrar una vida nueva. Implica arriesgarse, desestabilizarse y explorar; requiere de un espíritu valiente y de la disponibilidad a luchar para superar los obstáculos. Al emigrar, el pueblo hispano porta consigo valores profundos de amor y sacrificio, así como su idioma, cultura y símbolos que definen su identidad. En general, es un pueblo de fe que sale de su país con fe en Dios, en sí mismo y en el país a donde se dirige. Esta fe, así como la certeza de la protección de Dios, lo motiva a continuar la marcha hasta alcanzar su destino.

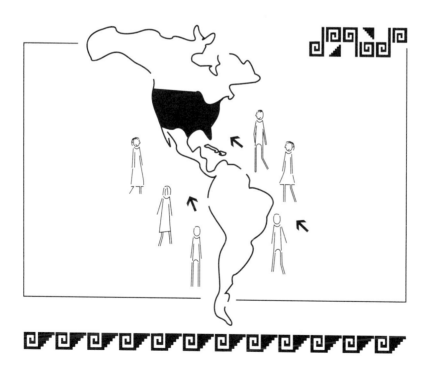

Los inmigrantes muestran su sentido comunitario y solidario con actos de heroísmo, exponiendo su vida o su bienestar por otros, rescatando a los que caen o se enferman. Entre los inmigrantes existe un gran sentido de servicio y compasión expresado en su esfuerzo por curar a los heridos en la jornada; en compartir la cobija, el dinero o la comida con quienes no tienen; en consolar a los que sufren; en mantener el ánimo de quien está por caer. Al llegar a su destino, algunos encuentran los brazos abiertos de sus familiares o amigos; otros, un mundo hostil. La mayoría desconoce el idioma local y enfrenta un choque cultural y sicológico que afecta su estabilidad personal —muchas veces ya herida por la miseria o la violencia de la que huyen.

Mantener la fe en Dios y crecer en ella puede requerir un esfuerzo especial para muchos inmigrantes debido a: los cambios y choques culturales que han experimentado; ser éste el primer encuentro con el pluralismo religioso de la sociedad, o su inserción repentina en la secularización y materialismo de la cultura moderna. Por eso, los jóvenes inmigrantes requieren fortalecer su relación con Dios mediante el encuentro con Jesús vivo y actuante en su historia.

Inmigrantes con serios desafíos. El avance de la tecnología, la violencia, el **neoliberalismo económico** y el rápido crecimiento de la población han causado una movilidad masiva de los sectores rurales de Latinoamérica. Muchos campesinos e indígenas emigran de áreas rurales a las grandes ciudades al ver que sus campos no pueden sostener a sus familias y que carecen de los recursos indispensables para sobrevivir y obtener atención médica, medios sanitarios y educación escolar para sus hijos. La transición de una vida agrícola a un estilo de vida donde la educación académica y la tecnología son condiciones necesarias para sobrevivir, conlleva serios desafíos para su sistema de valores y, a veces, también para su fe.

Algunas personas emigran a Estados Unidos con la esperanza de proteger su vida, mejorar su condición económica o realizar un sueño. No sospechan el choque que experimentarán debido a la disparidad entre sus raíces y la nueva realidad; entre una sociedad del "tercer" y del "primer mundo", entre una cultura latina y una anglosajona. Y, desde luego, no alcanzan a darse cuenta de las consecuencias que estos choques traerán a su vida personal y familiar.

Estados Unidos no siempre recibe a los inmigrantes con los brazos abiertos, especialmente si pertenecen a las clases desafortunadas de la sociedad. Desde 1882 el gobierno de Estados Unidos ha aprobado varias leyes para regular y controlar la entrada de inmigrantes. Estas leyes se aplican sobre todo a personas que no son blancas y a las de escasos recursos. No obstante, ninguna ley ha sido capaz de detener la llegada masiva de personas en busca de una vida mejor.

Muchos inmigrantes llegan a buscar trabajo sin tener documentos para trabajar. Como consecuencia, están sujetos a extorsión y opresión en los trabajos que encuentran, o tienen que recurrir al uso de nombres y documentos falsos. La compra-venta de documentos y nombres falsos expone a muchos jóvenes latinos al riesgo de ser encarcelados o deportados, afecta su sentido de identidad y aminora su libertad para insertarse en grupos sociales, incluso en la iglesia. Sin embargo, a veces, es la única alternativa para conseguir trabajo. El precio es caro, pero su buena suerte, audacia o astucia les permite sobrevivir y mejorar su situación.

Reflexión
- Pedir a dos o tres jóvenes que hayan inmigrado a Estados Unidos que compartan los desafíos fuertes que tuvieron que enfrentar.
- Invitar a la comunidad a identificar los desafíos más grandes que enfrentan los inmigrantes de diversas culturas en su localidad. Hacer primero una lluvia de ideas y después señalar los dos o tres desafíos más grandes.
- Identificar los retos más fuertes que debe superar la comunidad para aceptar a personas y grupos inmigrantes provenientes de culturas diferentes a la suya.

Llamados a vivir el Evangelio
Ante los desafíos y los retos mencionados, dialogar sobre las siguientes preguntas:
- ¿Cuál debe ser la respuesta de nuestra pequeña comunidad?
- ¿Qué necesitamos hacer para que esta respuesta sea una realidad?

Orientación 2: Forjadores de la historia de salvación

Dios nos llama a hacer la historia. A unos nos toca trabajar en tierra extraña; a otros, acoger a los extranjeros como hijos e hijas de Dios. Todos, con nuestra diversidad de origen, costumbres y culturas, somos llamados a formar una nueva sociedad dirigida según la mente y el corazón de Dios.

La fe cristiana debe estar enraizada en la situación histórica en que vive el creyente. Cuando la fe se separa de la historia, se convierte en una fe muerta o vacía. De ahí que las generaciones jóvenes tienen una misión histórica vital, pues son ellas las que, asumiendo el pasado y viviendo el presente según el plan de Dios, dan dirección al futuro con sus ideales, valores y proyectos de vida.

Inmigrantes y ciudadanos, juntos en la historia. En la tradición judeo-cristiana, el peregrino y el extranjero son símbolo del ser humano en búsqueda de sobrevivencia; de adquirir una vida mejor y de realizarse como personas según el plan de Dios. Desde el principio de la historia de salvación, el pueblo israelita enfatizó la necesidad de acoger al extranjero y tratarlo con dignidad y respeto, prohibiendo su explotación o alienación: "No oprimas al extranjero; ustedes bien saben cual es su condición, pues fueron extranjeros en Egipto" (Éxodo 23, 9). Los primeros cristianos ratifican este mismo sentir: "Perseveren en el amor fraterno. No olviden la hospitalidad, pues gracias a ella algunos hospedaron, sin saberlo, a ángeles" (Hebreos 13, 1–2).

La emigración es un derecho de toda persona y pueblo, y así lo ha defendido oficialmente la iglesia católica por generaciones. Pero la sociedad moderna, con sus fronteras y leyes, ha denigrado el sentido profundamente humano de la emigración. Ante esto, el papa Pablo VI, en su carta apostólica *Octagesima Adveniens,* declara el derecho a la emigración:

> Nos, pensamos también en la precaria situación de un gran número de trabajadores emigrados, cuya condición de extranjeros hace tanto más difícil, por su parte, toda reivindicación social, no obstante su real participación en el esfuerzo económico del país que los recibe. Es urgente que se sepa superar con relación a ellos una actitud estrictamente nacionalista, con el fin de crear en su favor un estatuto [legislación] que reconozca un derecho a la emigración, favorezca su integración, facilite su promoción profesional y les permita el acceso a un alojamiento decente, donde pueda venir, si es el caso, su familia.[2]

Forjamos la historia de salvación en la vida diaria. La historia de salvación está ligada a la vida diaria más que a la geografía; es parte de la historia de las personas y los pueblos, dondequiera que estén. El pueblo de Israel encontró a Dios en su historia. Tanto en sus épocas de emigración como cuando estaba establecido, Dios lo invitó a forjar la historia con él. La respuesta de Israel nos ayuda a comprender y a valorar la relación entre nuestra fe y nuestra historia.

Cuando Dios nos llama a hacer la historia, nos señala el camino y la meta; exige nuestra colaboración libre y creyente, y nos apoya en los desafíos que encontramos. Pero no basta conocer la meta y caminar hacia ella; necesitamos detenernos para asegurarnos que estamos en la ruta deseada y fortalecemos para la marcha. En nuestro camino hacia el Padre debemos discernir los signos de la Providencia de Dios, para descubrir sus deseos para nuestra vida.

Esto exige que quienes formamos el pueblo de Dios, nos eduquemos de modo que seamos capaces de forjar la historia. Estados Unidos necesita jóvenes que actúen en alianza con Dios; mujeres y hombres de corazón dócil, capaces de hacer suyo el camino de Jesús. La actitud del discípulo debe ser de una confianza total, una corresponsabilidad máxima y un compromiso fiel, conscientes de que todo está en manos de Dios, pero reconociendo que Dios actúa a través de las personas.

La fe siempre implica el llamado de Dios y la respuesta nuestra. Este llamado es a la vez un don y una tarea; un don porque siempre que recibimos un llamado de Dios y le respondemos, se fortalece nuestra fe, se intensifica nuestro amor y se alimenta nuestra esperanza; una tarea, porque tenemos que actuar firmemente y trabajar diligentemente para lograr nuestra misión. El llamado de Dios siempre requiere movimiento, cambio, conversión y crecimiento.

Nos fortalecemos como un pueblo de fe. Cuando las tribus de Israel huyeron de Egipto guiadas por Dios, hicieron una alianza con él y se constituyeron como pueblo. De manera similar, los múltiples grupos étnicos y culturales de Estados Unidos, debemos formar un nuevo pueblo de fe. Esto no es fácil, pues aunque tenemos muchas similitudes, también tenemos grandes diferencias, y frecuentemente hay que vencer la tentación de voltearnos unos contra otros y evitar que nuestro nacionalismo levante barreras o cause competencias destructivas.

Para escapar de cualquier esclavitud, Dios exige nuestro esfuerzo y conversión, de modo que superemos nuestras limitaciones y nos fortalezcamos como pueblo. El amor es el mandamiento de la nueva alianza, y es la guía para vivir con armonía y hacer realidad el Evangelio de Jesús entre los diferentes pueblos de este país.

Jesús amó sin límite y compartió la vida peregrina del ser humano, tanto como compañero en el camino como en su búsqueda por conocer la voluntad de Dios. Se mantuvo en constante caminar, sin residencia fija, yendo y viniendo para cumplir con su misión. Su meta era clara: proclamar la llegada del Reino de Dios, pero el modo cómo lo hacía variaba, según las necesidades de los oyentes y de su discernimiento sobre cuál era la mejor manera de comunicar su mensaje a diferentes personas.

La atención de Jesús a los signos de la Providencia, le hizo ver que Dios quería que llevara la Buena Nueva fuera del pueblo de Israel. Con esa motivación, cruzó la estricta barrera entre su pueblo y otros pueblos; habló con la samaritana y la mujer siriofenicia, y sembró las semillas del Reino de Dios para que se esparcieran entre toda la humanidad. Ser coprotagonistas de la historia con Dios significa seguir la praxis de Jesús: llevar la Buena Nueva a todas las personas, con un énfasis en el pueblo hispano, pero dispuestos a escuchar el llamado de Dios a llevar su mensaje de salvación a personas de otros grupos étnicos y culturales.

Reflexión

1. Formar tres grupos, cada uno escribirá sus reflexiones en una hoja tamaño cartulina.

- El primer grupo identifica tres maneras cómo los jóvenes latinos son coprotagonistas con Dios en la historia de Estados Unidos, especialmente aportando valores característicos del pueblo hispano.
- El segundo grupo identifica tres desafíos presentados por la sociedad y la cultura dominante de Estados Unidos a los jóvenes latinos, en su rol como coprotagonistas de la historia.
- El tercer grupo identifica tres formas de cómo los jóvenes latinos, pueden trabajar con personas de otras culturas y grupos étnicos para formar un solo pueblo de fe, sin perder su identidad cultural.

2. Cada grupo comparte sus conclusiones obtenidas con toda la comunidad.

Llamados a vivir el Evangelio

Analizar los resultados de la reflexión anterior y dialogar sobre las siguientes preguntas:

- ¿A qué los llama Dios como comunidad de jóvenes latinos católicos?
- ¿Qué tienen que hacer para responder a este llamado?

Orientación 3: La fe, la esperanza y el amor como fuerzas conductoras de la historia

Tenemos muchas maneras de hacer la historia en colaboración con Dios al destacar el cómo vivimos la rutina de nuestra vida cotidiana, según nuestro estado civil. Así, los estudiantes colaboran estudiando; los trabajadores, trabajando; los padres de familia, educando y atendiendo a sus hijos; los hijos adultos, cuidando a sus padres ancianos, y así sucesivamente, en todos los roles que desempeñamos a lo largo de la vida.

También hacemos la historia mediante el cumplimiento de nuestras responsabilidades cívicas y participando en proyectos de promoción personal y humana, desarrollo comunitario y servicio social. Las actividades artísticas y culturales, como la danza, la música y la pintura; la transmisión de las tradiciones de nuestro pueblo, son otras maneras de hacer la historia.

Estas actividades y muchas más son llevadas a cabo diariamente por millones de personas en el mundo entero. Lo que hace a los cristianos coprotagonistas con Dios es el espíritu con el cual llevan a cabo estas acciones.

Con frecuencia, la juventud cuestiona la autenticidad de la fe de las personas mayores. A veces, su desilusión respecto a la iglesia, la religión o el cristianismo está enraizada en la falta de testimonio de los cristianos a su alrededor, pero no es suficiente cuestionar a los demás, todo cristiano debe cuestionarse también a sí mismo.

La generación joven está llamada a ser profetas de esperanza para otros jóvenes y esto implica creer verdaderamente en la Buena Nueva y anunciarla, al vivir lo que se cree; al proclamar lo que se vive, y al comunicar su experiencia de fe. En fin, al dar testimonio con su vida entera de que son coprotagonistas con Dios en la historia. Así, hacen camino al andar e invitan a otros jóvenes a participar de esta gran misión.

Hacemos la historia con nuestras experiencias. Para hacer la historia tenemos que interiorizar los conocimientos que adquirimos y los acontecimientos que se dan en nuestra vida. No basta con ilustrarnos o estar al tanto de lo que sucede en el mundo. Tenemos que hacer propios y asumir dichos sucesos como experiencias integrales a nuestra vida, convirtiéndolos en fuente de motivación para actuar en nuestra realidad social. La experiencia surge de la propia vida y retorna a la vida nuevamente, esta vez transformándola. De ahí la importancia de vivir la historia conscientemente, haciéndola propia, evitando que los días pasen sin que dejemos nuestra huella en el acontecer histórico.

Para hacer la historia con Dios tenemos que vivir la vida diaria y todos los proyectos y acciones que emprendemos, animados por su Espíritu. De otro modo hacemos solos la historia, con el riesgo de apartarla de los designios de amor que Dios tiene para la humanidad. Las fuerzas que mueven la historia según el plan de Dios son: la fe, la esperanza y el amor —las tres virtudes fundamentales de quienes siguen a Jesús.

La fe. La fe nos capacita para ver a las personas y su historia como las ve Jesús, provenientes del amor de Dios y destinadas a vivir en comunión con él. Por la fe sabemos que la vida es un don del Padre que ama y cuida a todo ser humano, individual y personalmente. Ella nos ayuda a percibir la salvación de Dios en todo acontecimiento, a dar a la vida su verdadero significado y a encontrar el sentido de nuestra propia existencia.

La esperanza. La esperanza es la energía de Cristo en nosotros, que nos permite vivir las **primicias** de la vida eterna en nuestra vida. Es la fuerza que genera un futuro donde cada día vivimos una vida plena en Jesucristo; la fuente de la paz que proporciona el saber que todo lo bueno que sembramos da frutos de vida eterna; el alma de la alegría que nace al ver que el bien es más fuerte que el mal, porque posee la fuerza de Jesús resucitado.

El amor. El amor es resultado de la fe y la esperanza. Al ver a las personas y a la historia como las ve Dios, nace en nosotros el deseo de amarlas. De este amor nace la exigencia de ser coprotagonistas con Dios en la historia; de entregarnos a otros como lo hizo Dios a través de Jesús, para hacer crecer las semillas del bien que Dios ha puesto en nosotros y en todos los seres humanos, de modo que vivamos en espíritu de amor y solidaridad.

Para hacer la historia con Dios necesitamos abrirnos a su gracia y pedirle que nos llene de fe, nos bendiga con la esperanza y nos for-

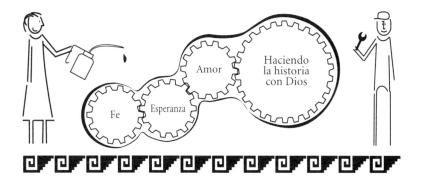

talezca con amor. Entre más desarrollemos estas tres fuerzas vitales más energía tendremos para hacer la historia con Dios.

Reflexión

1. Formar grupos de cuatro personas.
• Compartir cuál de las tres virtudes —fe, esperanza o amor— expresan con más frecuencia a través de sus acciones. Dar algunos ejemplos.
• Compartir cuál de las tres virtudes es la más difícil de practicar, explicar las razones por las que esto pasa.

2. Una persona de cada grupo comparte con la comunidad lo que más le impresionó de la reflexión de su pequeño grupo.

Llamados a vivir el Evangelio
Identificar alguna manera cómo la comunidad puede ayudar a reforzar la fe, la esperanza y el amor necesarios para hacer la historia con Dios.

Celebración de nuestra fe: Hacemos la historia con Dios

Preparación: Llevar objetos que simbolicen la construcción de la historia, cerciorándose de que haya suficientes para que cada joven escoja y sostenga uno. Por ejemplo: Biblias, martillos, libros, utensilios de cocina, o cualquier otra cosa que se use para dar dirección a la vida, por lo tanto, a la historia.

1. Poner un altar y colocar los objetos simbólicos. Tocar música de fondo, y hacer la siguiente introducción:

> El fin de esta oración es comprometernos a participar activamente en la lucha de nuestro pueblo por mejorar las condiciones de vida, para colaborar así en la construcción de la historia. Tenemos aquí varios objetos que representan algunas acciones importantes en la historia. Imaginemos el futuro que tenemos en nuestras manos. ¡Qué riqueza de experiencias, esfuerzos, esperanzas y frutos, estarán representadas aquí si todos continuamos siendo coprotagonistas de la historia con Dios!

2. Tomar unos minutos para escuchar lo que Dios quiere decir a cada uno a la luz del mensaje de esta reunión. Escribir en su libro o diario algunas frases que les ayuden a recordar estas palabras de Dios.

3. Pasar al altar, uno por uno, a escoger un símbolo que le motive a ser constructor de la historia.

4. Formar parejas y entregarse mutuamente el símbolo escogido; explicar al compañero/a la razón por la que se eligió. Al recibirlo, dar al compañero/a palabras de ánimo, y hacer una oración por él o ella.

5. Entonar un canto que hable de hacer la historia con Dios.

Espiritualidad Cristiana y Oración

"También les aseguro que, si dos de ustedes se ponen de acuerdo en la tierra para pedir cualquier cosa, la obtendrán de mi Padre del cielo. Porque donde están dos o tres reunidos en mi nombre, allí estoy yo en medio de ellos".

—Mateo 18, 19–20

Esquema

Objetivos

- Ver la oración como una conversación con Dios y valorarla.
- Valorar el silencio y el sentirse seguros de nuestra conversación con Dios.

Plan de la reunión

Ejercicio de conversación

Oración de reconciliación

Iluminación para una espiritualidad cristiana
Orientación 1: La conversación con personas
Orientación 2: La conversación con Dios

Celebración de nuestra fe: La palabra conversadora de Dios

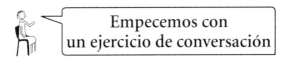

Empecemos con un ejercicio de conversación

En esta sesión empezaremos con un ejercicio. Después rezaremos.

1. Formar parejas. Una persona hace la primera pregunta y ambas dialogan sobre ella por dos minutos. Después, se repite el paso anterior con la segunda pregunta.
• Si pudieras cambiar algo en el mundo, ¿qué sería?
• ¿Qué quisieras que dijeran tus nietos, al hablarles de ti, a sus hijos (tus bisnietos)?

2. Reflexionar en silencio, y responder a las siguientes preguntas por escrito:
• ¿Qué sentimientos o reacciones despertaron en ti las preguntas hechas anteriormente?
• ¿Cuál fue la reacción de tu compañero/a ante las preguntas?
• ¿Qué descubriste sobre los valores e intereses de tu compañero/a a través de sus respuestas?
• ¿Qué aprendiste sobre ti mismo/a?

3. Formar grupos de seis compuestos de tres de las parejas anteriores. Compartir lo que aprendieron de sus conversaciones y del ejercicio escrito, especialmente sobre la importancia de hacer preguntas relacionadas con sus valores, sus expectativas sobre el mundo, y sobre sí mismos.

Oración de reconciliación

Introducción: Empezaremos rezando con nuestro cuerpo tal como lo hicimos al final de la reunión de comunidad 4, "Celebración de nuestra fe", páginas 75–77.

1. El facilitador/a hace la siguiente introducción:

Al practicar la oración corporal, nos acostumbramos a orar con nuestro cuerpo y permitimos que este tipo de oración sea más espontáneo y frecuente entre nosotros. En varias culturas, la oración corporal es común, sea con gestos rituales similares a los que realizamos en la celebración eucarística o con danzas acompañadas de música. Como jóvenes en Estados Unidos necesitamos descubrir maneras de orar corporalmente que ayuden a expresar nuestros sentimientos hacia Dios.

2. Invitar a la comunidad a formar un círculo y a ponerse en actitud de reflexión. Después dirigir la oración corporal tres veces.

3. Leer todos juntos la siguiente oración:

Padre, Dios todopoderoso y eterno,

Después, todos se unen a la lectura y leen en voz alta el resto de la oración:

te alabamos y te agradecemos por medio de Jesucristo, nuestro Señor, por tu presencia y tu acción en el mundo.

En medio del conflicto y la división,
sabemos que eres tú
quién llena de paz nuestra mente.
Tu Espíritu cambia nuestros corazones:
los enemigos se empiezan a hablar unos a otros,
quienes se encontraban separados unen sus manos en amistad
y las naciones buscan juntas el camino de la paz.

Tu Espíritu trabaja
cuando la comprensión pone fin a las divisiones,
cuando el odio es vencido por la misericordia,
y la venganza se convierte en perdón.

Por esto no debemos dejar
de darte gracias y alabarte...[3]

Por Jesucristo nuestro Señor. Amén.

Iluminación para una espiritualidad cristiana

El ejercicio y la oración anteriores nos pusieron en espíritu de conversación con Dios. La siguiente orientación nos ayudará a profundizar en la importancia de la conversación humana y a ver la conversación con Dios como una manera de orar.

Orientación 1: La conversación con personas

La conversación es una fuente de riqueza que permite un intercambio placentero de puntos de vista para ampliar el conocimiento de las personas, compartir alegrías y tristezas y expresar sentimientos profundos. La conversación puede centrarse en realizar planes, pedir consejos, lograr la reconciliación, dialogar sobre un tema de interés común.

La conversación es una forma de comunicación que llega a nuestros sentimientos y a nuestra mente. Una buena conversación nos da la sensación de que estamos siendo alimentados, sanados espiritualmente, motivados y afirmados. La mayoría de los grandes santos, escritores y artistas ha tenido amigos con quienes conversar, personas que estimularon su creatividad y los aceptaron a pesar de estar en desacuerdo con ellos, personas a las que acudieron en tiempos difíciles.

La calidad y la frecuencia de la conversación afecta muchos aspectos importantes de la vida. Una comunicación abierta y enriquecedora genera buenos amigos, matrimonios sólidos, familias sanas y un buen ambiente de trabajo. En cambio, cuando una persona sermonea a otra y cuando falta la atención mutua, no hay espíritu de conversación. Cuando una de las partes se comporta tonta, dura, muy formal o defensiva, es difícil conversar y los beneficios humanizantes de la conversación se pierden.

Para entrar en una buena conversación es necesario sentirse en un ambiente seguro, creado por la confianza, el respeto y la comprensión mutua. Cuando una persona se siente amenazada, se cierra

a la comunicación. El hábito de buscar comprender *antes* que de ser comprendido es requisito para una buena conversación. En un ambiente propicio podemos expresar nuestras ideas y sentimientos, nos revelamos tal como somos, ofrecemos y aceptamos críticas, tratamos de solucionar conflictos y caminamos hacia el nivel de intimidad que anhelamos. Esta experiencia de sentirnos aceptados y afirmados nos capacita para saber hacer lo mismo con los demás.

Reflexión en comunidad

- Compartir lo que se experimenta cuando se tiene una buena conversación y los resultados positivos que se obtienen. Anotar en una hoja tamaño cartulina grande algunos de estos beneficios.
- Compartir el tipo de sentimientos y los efectos negativos que ocurren cuando no se da la comunicación. Anotar en una hoja tamaño cartulina los efectos negativos de no poder conversar sobre algo importante.
- Recordar algunas ocasiones en que se hayan tenido buenas conversaciones en la pequeña comunidad y compartir esos recuerdos.
- Identificar dos o tres maneras de cómo se puede crear el ambiente de seguridad necesario para tener buenas conversaciones en la pequeña comunidad.

Orientación 2: La conversación con Dios

Orar conversando es simplemente platicar con Dios de manera familiar, contándole nuestras preocupaciones, pidiéndole algún favor o consejo, quejándonos algunas veces, agradeciéndole sus bendiciones y diciéndole cómo nos sentimos. Orar es conversar entre amigos, entre dos personas que se aman, entre un padre y un hijo o hija que se tienen amor y confianza. Tal forma de oración es fácil e íntima, pero hay que saber hacerla.

¿Cómo conversamos con Dios de manera similar a cómo lo hacemos con un buen amigo o amiga? ¿Quién puede crear el ambiente de seguridad para conversar con Dios, si se ha dicho que ver la cara a Dios es morir? ¿Cómo podemos llevar una conversación unilateral?

Nosotros no somos los responsables de crear el ambiente de seguridad para conversar con Dios; él crea este ambiente. ¿Cómo lo hace? Veamos una de las imágenes con las que Jesús —quien dice que cuando lo vemos a él, vemos al Padre—, se describía a sí mismo en Juan 10, 11–15.

Jesús enseña a sus seguidores a dirigirse a Dios como *Abba*, forma usada en hebreo para dirigirse al propio padre de manera cariñosa y familiar. Es el equivalente a decirle, "papá", "papacito", "papi", con la confianza y la intimidad de un hijo.

Leer Marcos 14, 36.

Jesús pinta la imagen de sí mismo y de Dios como la de alguien que cuida especialmente al que está hambriento, sin casa, desnudo, enfermo y preso. Dios se interesa por los más pequeños de sus hijos y exige que quienes están sanos, bien alimentados, con buena casa y libres, compartan esas bendiciones con aquéllos que, por cualquiera que sea la razón, no gozan de estos beneficios. De nuevo, es la imagen de un Dios compasivo.

Leer Mateo 25, 31–46.

El Evangelio de Mateo pone estas palabras en la boca de Dios: "'Este es mi Hijo amado, en quien me complazco, escúchenlo'" (17,

5). Nuestro Dios encuentra un gran gozo en el Jesús humano, lo cual es un signo de que Dios también se regocija con cada uno de nosotros —criaturas hechas a imagen suya.

A través de las imágenes de las Escrituras, Dios crea el ambiente de seguridad necesario para conversar con él y responde a lo que le contamos. Ahí aprendemos que nuestro Dios está con nosotros para salvarnos, no para condenarnos; para unirnos, no para dividirnos; para sanarnos, no para herirnos. Ahí escuchamos su respuesta de comprensión y amor, de perdón y paz, de motivación y afirmación, de consejo y corrección, de llamado y misión, de confianza y ánimo.

¿Cuál es nuestra imagen de Dios? ¿Es el Dios de Jesús o un Dios moldeado por una teología diferente?

Reflexión personal
- Identifica alguna manera u ocasión en la que lograste una buena conversación con Dios. ¿Qué factores, externos o internos, facilitaron la conversación?, ¿de qué conversaron?, ¿qué beneficios obtuviste de ese diálogo?
- Identifica los obstáculos más comunes al tratar de conversar con Dios. ¿En dónde tienen su raíz esos obstáculos?, ¿cómo puedes evitarlos o quitarlos?, ¿necesitas ayuda para superarlos?, ¿quién te puede ayudar?, ¿puede ser la comunidad o alguno de sus miembros?

Reflexión comunitaria
Los jóvenes que deseen compartir su reflexión con la comunidad, pueden hacerlo. Quizás algunos prefieran compartir sus pensamientos o sentimientos con una o dos personas. Dar diez minutos para quienes deseen compartir en privado.

Celebración de nuestra fe: La palabra conversadora de Dios

Preparación: Llevar dos cintas o listones de dos metros de largo cada unos, y cinco centímetros de ancho; uno azul y otro rojo.

1. Colocar en el centro del salón tres sillas en fila, con un metro de distancia entre cada una. En las sillas de afuera se sentarán dos personas viéndose una a la otra. Doblar las cintas a la mitad y amarrarlas en la silla de en medio, de modo que cada persona en las sillas

de afuera pueda sostener con cada una de las manos las puntas de las cintas de cada color.

2. Explicar cómo se hará la lectura. Asignar tres lectores: un redactor/a, una persona que lea las líneas de Jesús y sostenga el listón rojo, y otra, las de la mujer samaritana y sostenga el listón azul. Mientras Jesús habla, la persona sosteniendo la cinta roja la levantará; mientras la mujer samaritana habla, la persona sosteniendo la cinta azul la levantará. Esto ilustrará el intercambio que se da en la conversación entre Jesús y la mujer samaritana, y motivará a escuchar con atención.

3. Leer Juan, capítulo 4.

4. Invitar a orar con Jesús en silencio, de la misma manera como lo hizo con la mujer samaritana. Las siguientes preguntas pueden ayudar a iniciar la oración:

• Si te encontraras con la mejor persona y la más comprensiva que conoces, ¿de qué le platicarías?, ¿qué te contestaría?
• Sabemos que Jesús es la mejor persona y la más comprensiva que existe, ¿qué le quieres platicar?
• Inicia el diálogo con Jesús y deja tiempo suficiente para que algunos pasajes del Evangelio resuenen en tu interior; en esa resonancia, siente la respuesta de Jesús en ti y continúa el diálogo con él.

5. Reflexionar ahora sobre la importancia del silencio para establecer una conversación con Dios. Necesitamos recoger nuestros pensamientos y platicar con aquél que nos da la sabiduría. También demos gracias a Dios por el don de escuchar.

6. Rezar el siguiente salmo en acción de gracias por el don de escuchar.

Facilitador/a:
Bendito seas, Señor nuestro Dios, por el don de escuchar.

Todos:
En la plenitud de nuestro ser, te alabamos, Señor nuestro Dios,
    porque eres el Dios de los diez mil dones.

Facilitador/a:
Te agradecemos, en esta oración,
    por el don maravilloso del oído
    por el que podemos conocer los cantos de la creación,
    tu eterna melodía de la belleza,
    expresada en las palabras, el viento y los murmullos.

Todos:
Con los oídos abiertos,
    recibimos la alegría de la música,
    el gozo de la poesía
    y las canciones sencillas de la vida diaria.

Facilitador/a:
Por todas estas bendiciones, estamos llenos de gratitud.

Todos:
Nos regocijamos porque nos has dado un tercer oído,
    el oído del corazón, el oído del alma
    con el cual podemos escuchar el sonido del silencio,
    la música silenciosa de tu divino corazón.

Facilitador/a:
Ayúdanos, Señor,
    a orar con tranquilidad, y a tener tiempos de silencio,
    a abrir ese tercer oído
    y con él, sanar los otros dos de todo el ruido.

Todos:
También te agradecemos
    por aquellas personas que nos enseñan a escuchar:
    por los poetas, los músicos,
    los padres, los profetas y los maestros.

Facilitador/a:
Estamos agradecidos, por esa larga lista de gente santa
que del este y del oeste,
nos enseñan a escuchar,
por el eco de tu divina voz
en toda palabra de verdad.

Todos:
Jesús, por tu palabra poderosa y a la vez suave,
que limpia nuestros oídos con la Buena Nueva,
te estamos especialmente agradecidos.[4]

Facilitador/a:
Ayúdanos ahora a entrar a este tiempo al escuchar,
con el corazón atento
para que seamos sanados y fortalecidos por ti.

Todos:
Bendito seas, Señor nuestro Dios,
por el don de escuchar.

Facilitador/a:
Señor nuestro, permite que nuestros oídos estén atentos a tu voz,
y permite que nuestra boca hable la verdad de nuestro
corazón, que nuestras conversaciones contigo estén llenas de
gracia y bendiciones.
Te lo pedimos por Jesús, nuestro Señor.

Todos:
Amén.

Facilitador/a:
Que el Señor nos bendiga y nos guarde en su amor.

Todos:
Amén.

Evaluación del Segundo Ciclo de Reuniones de Comunidad

Una voz grita:
"Preparen en el desierto
el camino del Señor,
tracen en la llanura
una senda para nuestro Dios".

—Isaías 40, 3

Esquema

Objetivos

· Evaluar el segundo ciclo de reuniones de comunidad.
· Comparar la evaluación de este ciclo con la del primero para ver en qué áreas se ha crecido más y cuáles requieren de mayor esfuerzo.
· Celebrar la culminación del segundo ciclo de reuniones de comunidad con una oración y con una convivencia especial o una actividad de esparcimiento.

Plan de la reunión

Oración inicial

Conducción y análisis de la evaluación

Celebrar de la culminación del segundo ciclo de reuniones de la comunidad

Empecemos con una oración

La reunión de hoy está dedicada a evaluar las últimas cinco reuniones de comunidad. Para empezar, haremos una oración sobre nuestra experiencia en este ciclo de reuniones.

1. Leer en voz alta el epígrafe para este reunión, y dejar que las palabras lleguen a su corazón:
- ¿Qué desiertos han cruzado desde el taller hasta hoy?
- ¿Qué sendas o caminos se han abierto para que la presencia de Dios llene su vida?

2. Formar grupos de tres o cuatro. Compartir sus respuestas a estas preguntas en el pequeño grupo.

3. Quienes lo deseen, hacen una oración en voz alta relacionada con las experiencias que acaban de compartir. Todos responden: "Escucha nuestra oración".

Conducción y análisis de la evaluación

1. Conducir la evaluación escrita, usar la forma 4 proporcionada en el apéndice 1, "Formas de Evaluación", páginas 186–187. Cada persona llena las tres secciones de dicha forma con base en su experiencia. Los miembros de la comunidad compartirán después sus opiniones.

2. Analizar la evaluación escrita basándose en las instrucciones dadas en la "Introducción: Reuniones de Comunidad", páginas 32–33.

3. Resumir el diálogo sobre la evaluación y escribir los comentarios más significativos en cuanto a los frutos obtenidos por la comunidad, y las áreas en que se requiere trabajar.

4. Analizar la evaluación escrita; obtener los promedios en cada aspecto evaluado, y hacer una lista de las contribuciones y recomendaciones más significativas.

5. Comparar la evaluación del segundo ciclo de reuniones de comunidad con la del primero, al contestar las siguientes preguntas:
- ¿En qué aspectos se mejoró?, ¿qué ayudó a mejorarlos?
- ¿Cuáles aspectos quedaron más o menos igual?, ¿qué se puede hacer para mejorarlos?
- ¿Hubo aspectos en que se retrocedió?, ¿a qué se debió ese retroceso?

6. Considerar las dos evaluaciones y su comparación para decidir qué se necesita hacer para avanzar en el caminar como comunidad. Tomar nota de estas decisiones y guardar la evaluación y las conclusiones de la reflexión en el archivo de la comunidad.

Las evaluaciones sirven también como apuntes de la historia de la pequeña comunidad y su proceso de crecimiento. Estos apuntes dan a la comunidad un sentido de identidad propia y pueden ser útiles para compartir las experiencias de la comunidad con nuevos miembros.

Celebrar la culminación
del segundo ciclo de reuniones de la comunidad

Realizar alguna convivencia especial o una actividad de esparcimiento.

Diálogo con
el Dios de Nuestra Vida

Después [Jesús] tomó pan, dio gracias, lo partió y lo dio a sus discípulos diciendo:

"Esto es mi cuerpo, que se entrega por ustedes; hagan esto en memoria mía".

Y después de la cena, hizo lo mismo con el cáliz diciendo:

"Este es el cáliz de la nueva alianza sellada con mi sangre, que se derrama por ustedes".

—Lucas 22, 19–20

Esquema

Objetivos

- Recordar las experiencias de la jornada inicial, las reuniones de comunidad y el taller de formación, para identificar el llamado de Dios en nuestra vida.
- Integrar la comprensión que cada joven ha alcanzado de su alianza personal y comunitaria con Dios.
- Profundizar cómo podemos vivir la alianza a través de nuestra relación con Jesucristo.

Programa

Introducción: Bienvenida, inscripción, cantos, refrigerio y orientación (1 hora)

Sesión 1: Meditación sobre nuestra alianza con Dios (2 horas)
A. Oración inicial
B. Visión de conjunto sobre la alianza
C. Creación de pinturas con símbolos personales
D. Preparación de la meditación
E. Meditación compartida

Sesión 2: El amor, la alianza y el desarrollo personal (1 hora, 30 minutos)
A. Carta a una persona de confianza
B. Diálogo en grupos de cuatro

Sesión 3: Creados para hacer la historia con Dios (2 horas, 30 minutos)
A. Círculo de lectura para elaborar un credo y un compromiso
B. Sesión plenaria

Sesión 4: Nuestra alianza en Jesucristo (30 minutos)

Sesión 5: La tienda de campaña y el arco iris de la nueva alianza (2 horas)

Sesión 6: Liturgia eucarística y rito de compromiso (1 hora)

Sesión 7: Evaluación (45 minutos)

Preparación

La preparación del retiro debe empezar mes y medio antes de llevarse a cabo (ver el calendario, páginas 14–15). Se requiere un equipo de facilitadores para las cuatro primeras sesiones del retiro; el equipo de ambientación es responsable de la sesión 5, el equipo de liturgia prepara la sesión 6, y es responsable de contactar a un sacerdote para la celebración eucarística. El equipo de evaluación prepara la última sesión. Al preparar éste conviene revisar la sección sobre el retiro en la introducción, página 12, y las instrucciones para preparar la jornada inicial, páginas 17–18.

Sesión 1: Meditación sobre nuestra alianza con Dios

A. Oración inicial

Para entrar en el espíritu del día empezaremos con una oración. Sentarse formando un círculo e invitar a que cada joven diga una palabra que signifique alianza, tal como *unión, amor, pueblo, pacto*. Para concluir invitarlos a una oración espontánea para pedir a Dios que refuerce durante el retiro estos aspectos de nuestra alianza con él y con nuestros semejantes.

B. Visión de conjunto sobre la alianza

Dar una visión general del retiro, comenzar con una introducción sobre las dimensiones principales de la alianza. El *Catecismo para la Iglesia Católica*, números 50–73, puede servir como base para realizar esta introducción.

C. Creación de pinturas con símbolos personales

Se llevará a cabo una meditación contemplativa de cinco pinturas *(posters)* creadas por los jóvenes. Para crear estas pinturas seguir los siguientes pasos:

- Formar cinco grupos; si son mayores de doce personas, subdividirlos a la mitad. Asignar a cada grupo una de las pinturas descritas a continuación.
- Para crear la pintura, cada joven reflexiona en silencio sobre alguna manera de cómo ha vivido la alianza con Dios según el texto que le tocó. Después, escoge una experiencia importante y la representa con un símbolo, del cual hace un borrador.
- Todos los miembros del grupo dibujan su símbolo en una hoja tamaño cartulina, creando entre todos una bella pintura. Cuando terminan, comparten con su grupo el significado de su símbolo.

Asignación de pinturas

Grupo 1: La creación. Dios crea todo lo que existe por amor. Todo lo que crea es bueno y está sujeto a sus propias leyes de transformación. En la creación, Dios comunica bondad y amor. Los seres humanos fuimos creados para recibir y corresponder a esa bondad y a ese amor, orientando nuestra vida hacia Dios y ejerciendo un señorío responsable sobre la creación, para el bien de toda la humanidad y la gloria de Dios.

Grupo 2: La gracia. En nuestro bautismo, Dios nos llena de su presencia, y nos eleva a la dignidad de hijos e hijas suyos. Si antes del bautismo ya éramos criaturas hechas a su imagen y semejanza, la gracia bautismal nos capacita para compartir la vida de la Trinidad. El bautismo nos da un corazón nuevo para amar con el amor de Dios, ojos nuevos para ver la vida desde la perspectiva de la fe, y una energía nueva para ser coprotagonistas de la historia con Dios.

Grupo 3: La libertad y el pecado. Nuestra naturaleza, como la de toda criatura de Dios, es buena. Pero a diferencia de otras criaturas, las personas gozamos del don de la libertad. Este don nos permite vivir la alianza con Dios, pero también nos permite decirle no a Dios.

Grupo 4: La redención. Dios envió al mundo a su Hijo para restablecer la comunicación con él y celebrar una alianza definitiva que nos redime del pecado y restaura la comunión rota por el mal uso de nuestra libertad. Cuando Jesús se convierte en el centro de nuestra vida, nos hace personas nuevas que compartimos más plenamente con el amor y la bondad de Dios.

Grupo 5: La historia. Fuimos creados para hacer la historia de modo que la creación se dirija hacia el fin para el que fue creada—dar gloria a Dios—. Damos gloria a Dios cuando extendemos su Reino en la sociedad, cuidamos con responsabilidad los recursos naturales, y trabajamos por el bien de toda la humanidad.

D. Preparación de la meditación

Cada grupo elabora una pequeña meditación y una oración, basada en los símbolos que integran su pintura, con el fin de que otros jóvenes recuerden esa dimensión de la alianza. Cada meditación debe durar aproximadamente cinco minutos. El siguiente ejemplo puede ayudar a preparar las meditaciones:

- *Título de la pintura: La creación.*
- *Invitación a meditar:* Los invitamos a meditar sobre cómo vivir nuestra alianza con Dios en relación con *La creación*. Nosotros hemos vivido esta alianza con Dios de la siguiente manera... Reflexionemos unos momentos en silencio sobre las razones por las cuales vivimos así.

- *Oración:* Oremos para que el Espíritu Santo nos ayude a vivir plenamente esta dimensión de nuestra alianza con Dios para...

E. Meditación compartida

- Colgar las pinturas al estilo vía crucis, para caminar en procesión de una a otra.
- Escoger un canto relacionado con la alianza y practicarlo. El canto debe tener una estrofa para repetir mientras se camina de una pintura a la siguiente.
- Pedir a cada grupo que dirija su meditación frente a la pintura que creó.

Sesión 2: El amor, la alianza y el desarrollo personal

El facilitador/a hace una introducción. Explica que esta sesión está basada en una reflexión, la cual se hará en silencio, al escribir una carta a una persona de confianza. En esa carta cada quien contará lo que descubre al ir recordando su experiencia de la jornada inicial, las reuniones de comunidad y el taller de formación. La reflexión puede hacerse en el jardín, la capilla o las habitaciones. Para hacer esta reflexión cada uno lleva consigo su libro o su diario.

A. Carta a una persona de confianza

Una vez escogido el lugar, haz lo siguiente:
- Ponte en presencia de Dios con una oración breve.
- Hojea tu libro o diario para tratar de recordar algunas experiencias que te ayudaron en tu desarrollo personal. Toma nota de ellas. Después, escoge las más significativas para describirlas en tu carta.
- Escribe una carta a un familiar o a una person de confianza que haya sido importante en tu jornada de fe. La carta deberá constar de una o dos páginas.

B. Diálogo en grupos de cuatro

Después de escribir las cartas, formar grupos de cuatro. Cada persona comparte una vivencia, algo que aprendió en la reflexión o que se cuestionó de manera particular, un pensamiento para el futuro, etcétera. La idea es profundizar tanto como sea posible en el tema del amor, la alianza y el desarrollo personal, basados en la propia experiencia.

Sesión 3: Creados para hacer la historia con Dios

A. Círculo de lectura para elaborar un credo y un compromiso

Esta sesión empezará con un círculo de lectura. Formar seis grupos, procurando que cada uno tenga representantes de los otros cinco, que prepararon las meditaciones en la sesión 1. Asignar a cada grupo una de las lecturas que se presentan a continuación; si los grupos son muy grandes, hay que subdividirlos y asignar la misma lectura a dos grupos. Seguir este proceso:

1. Cada grupo lee en voz alta la lectura que le tocó, incluyendo el pasaje bíblico. Después dialoga sobre las siguientes preguntas:
- ¿Cuál es el mensaje principal de esta lectura?
- ¿De qué manera esta lectura cambió, ratificó, profundizó o complementó el modo de verse a ustedes mismos, a su vida y a Dios?
- ¿Qué cambios les invita a hacer la lectura en su relación con Dios, consigo mismos, con otras personas y con el resto de la creación?

2. Con base en esta reflexión, el grupo formula por escrito la manera cómo puede hacer vida el mensaje de la lectura. Escribir dos párrafos en papeles diferentes de 4^1/$_2$ x 11 pulgadas: el primero al estilo de un credo; el segundo, al estilo de un compromiso.

Para escribir el párrafo del credo, empezar cada frase con una verdad del Credo que rezamos durante la misa, por ejemplo: "Creemos en Dios Padre...; Creemos en Jesucristo...; Creemos en la Iglesia..."; etcétera. Terminar las frases con una experiencia de su relación con Dios. Por ejemplo: "Creemos en Dios Padre que nos dio inteligencia y voluntad para ayudarle a los jóvenes a mantenerse alejados de las drogas".

Para crear los compromisos, el grupo promete cambiar una conducta o realizar una acción determinada al declarar su promesa. Por ejemplo: "Nos comprometemos a apoyarnos mutuamente en..."

Grupo 1: Llamados a ejercer un señorío responsable

Somos criaturas privilegiadas a quienes Dios nos dio el **señorío** sobre el resto de la creación. Este señorío implica responsabilidad; el señorío malentendido y el mal uso de la libertad hacen que degrademos la creación. Por ejemplo, el progreso cultural ha resuelto muchos problemas y elevado nuestro nivel de vida, pero ha tenido efectos destructivos en la naturaleza, creado un abismo entre ricos y pobres; y ha celebrado la dominación y la opresión del poderoso sobre el débil.

Leer Salmo 8.

Grupo 2:
Dios creador de la historia, y nosotros cocreadores con él

Dios continúa creando. La creación es un sistema abierto, con leyes de evolución inscritas en la esencia de todas y cada una de las criaturas del universo. El poder de Dios se manifiesta en una creación que tiene vida y leyes propias. Los seres humanos somos capaces de producir nuevas realidades, y a diferencia de otras criaturas podemos estar conscientes de esto y autodirigir nuestra vida hacia el fin para el

que fuimos creados —vivir en alianza con Dios, como autores de nuestra propia vida y cocreadores de la historia con él. Al crear a los seres humanos, capaces de hacer la historia con él, Dios manifiesta su amor y su justicia, nos ha dado la vida y nos pide que la usemos para generar justicia, unión y liberación— o sea, hacer la historia con Dios.

Leer Isaías 58, 7–9.

Grupo 3: El universo y la historia revelan a Dios

Toda la creación es una expresión, comunicación o signo de Dios. Nuestra historia personal y colectiva es palabra de Dios y camino hacia él. Es una historia grandiosa y pequeña a la vez. En su grandeza nos habla del poder de Dios; en su pequeñez revela las limitaciones humanas. Nuestra grandeza como personas implica una tarea, y al cumplirla damos gloria a Dios. No somos el centro de la creación —las estrellas no giran alrededor nuestro ni la evolución de la historia termina en nosotros. Nuestra responsabilidad es ser lo suficientemente transparente para mostrar a Dios que habita en nosotros— ser su sacramento, signo de que la historia se hace al seguir el plan de nuestro Creador.

Leer Génesis 1, 26–31.

Grupo 4: Humanizamos el mundo con nuestro trabajo

El trabajo —los quehaceres de la vida diaria, las actividades profesionales y las acciones cívicas— es el medio natural para ejercer nuestro señorío sobre la creación. Con el trabajo podemos convertir desiertos en oasis, transformar situaciones deshumanizantes en ambientes promotores de desarrollo humano, redistribuir equitativamente la riqueza, utilizar el poder para el bien común. Cuando usamos mal nuestra libertad, el trabajo se convierte en motivo de soberbia y opresión, egoísmo y competencia destructiva, justificación de situaciones inhumanas y degradación de la naturaleza. La alianza implica responsabilidad de abandonar nuestro egoísmo y de usar el trabajo como un instrumento para vivir en comunión con Dios, dirigiendo la historia hacia la participación de todas las personas en la alianza.

Leer Éxodo 18, 16–23.

Grupo 5:
Pecado y alianza, dos facetas de la naturaleza humana

El antiguo pueblo de Israel tomó conciencia primero del pecado de sus opresores egipcios que del suyo propio, pues es más fácil identificar el pecado ajeno, sobre todo si nos afecta personal e injustamente. Después, en el Éxodo y, más tarde, a la luz del mensaje de los profetas, empezó a reconocer su propio pecado: no querer luchar por su liberación, desear la comodidad, romper el compromiso hecho con Dios en el Sinaí. La conciencia del pecado personal, y social, es clave para vivir la alianza. Debemos reconocer que somos pecadores y que Dios nos llama constantemente a la reconciliación y a restablecer la alianza.

Leer Deuteronomio 9, 7.

Grupo 6: La alianza es para vivirla y celebrarla

La alianza con Dios no es algo del pasado, sino algo que nos guía actualmente. El pueblo de Israel así lo comprendió y lo vivió. Por eso, año con año, celebraba la alianza del Sinaí en su vida diaria y litúrgica. Los pasos que el pueblo israelita usaba para vivir y celebrar su alianza pueden servirnos hoy día, si los actualizamos. Éstos son:

- Recordar la historia de la antigua y la nueva alianza y transmitirla a las siguientes generaciones.
- Escuchar lo que Dios nos pide para vivir la alianza: cumplir la nueva ley del amor como fue proclamada por Jesús.
- Escuchar las promesas de Dios a su pueblo, pues la alianza es esencialmente comunitaria; el pueblo entero tiene que ser fiel a Dios.
- Ser profetas, proclamar la Buena Nueva, motivar a la conversión y fortalecer la fe con la esperanza en un mundo mejor.
- Celebrar los sacramentos, el arrepentimiento de nuestras faltas, abiertos a la obra de la gracia de Dios, y comprometidos a seguir viviendo la alianza.

Leer Jeremías 31, 31–34.

B. Sesión plenaria

1. Colgar en la pared las hojas donde se escribieron el credo y el compromiso, formando dos columnas por separado. Cada grupo comparte su credo y su compromiso.

2. Todos analizan y enriquecen el trabajo realizado por los seis grupos pequeños, y responden a las siguientes preguntas:
- ¿Qué temas comunes aparecen en los credos y los compromisos?
- ¿Hay algo importante que quisieran agregar?

3. Dividir al grupo en dos. Una mitad trabajará con los credos; la otra, con los compromisos. Ambos grupos hacen lo siguiente:
- Leer en voz alta los seis credos o compromisos.
- Sintetizar los credos o compromisos eliminando repeticiones y uniendo ideas.
- Escoger a dos personas para editar los credos o compromisos, de modo que puedan ser proclamados en la liturgia.

Sesión 4: Nuestra alianza en Jesucristo

Se sugiere llevar a cabo esta sesión como una presentación hecha por dos jóvenes. Para prepararla se recomienda hacer lo siguiente:
- Leer, meditar y hacer oración sobre los capítulos 4 y 5 de *Evangelización de la juventud hispana*.
- Releer las orientaciones que se encuentran en la reunión de comunidad 7 en este libro, páginas 103–109.
- Revisar las anotaciones hechas durante esta etapa de formación para integrar la experiencia personal con el mensaje del Evangelio.

Las siguientes ideas pueden servir de guía para explicar conceptos teológicos importantes:
- Un camino para acercarse al misterio de Cristo y del ser humano es definir la persona y misión de Cristo a la luz de sus dos relaciones fundamentales: como el Hijo de Dios y como el hijo de María.
- Jesucristo es, a la vez, un ser divino y humano, con dos naturalezas unidas en una sola persona: el Hijo de Dios. Su identidad divina se explica por su unión eterna con el Padre y el Espíritu Santo. Su identidad humana se manifiesta desde el día de la Anunciación, en el que Dios se convirtió en Dios-hecho-hombre, el hijo de María.
- Jesús, desde toda la eternidad, es la imagen perfecta del Padre. Es tan Dios como su Padre, quien le dio toda su vida y poder. El Hijo se encarnó en un ser humano para hacer visible al Padre a través de su rostro interior: su forma de amar.

- Cristo vino a salvarnos, incorporándonos, mediante nuestro bautismo en su amor con el Padre, e invitándonos a vivir como hijos e hijas de Dios; hermanos y hermanas de él, y entre nosotros; señores de la creación y de la historia.
- Jesús vino a traer el Reino de Dios. Con él Dios irrumpió en la historia para reinar como Padre de la humanidad, al liberarnos de la opresión y de la muerte. Con su resurrección, Jesús nos mostró que el Dios Todopoderoso, en cuyas manos está nuestra vida, es un Dios de vida que nos ama infinitamente.
- En la alianza con Dios, encontramos paz y gozo como primicias de la paz y el gozo eterno que encontraremos en Dios. Para lograr esto necesitamos tener las mismas actitudes que Cristo (Filipenses 2, 1–11) y aprender a vivir como hijos de Dios (1 Juan 3, 1–2). Es en Cristo donde tenemos acceso al Padre en el mismo Espíritu (Efesios 2, 18), y es al hacer las mismas obras que él hizo, que llegaremos al Padre (Juan 14, 8–21).

Sesión 5: La tienda de campaña y el arco iris de la nueva alianza

Preparación: Llevar rollos de cintas anchas (papel crepé, listones o tiras) en los que se pueda escribir con marcadores. Se necesitan cintas con los siete colores del arco iris para armar "tiendas de campaña" de un diámetro de cinco metros. Cada tienda está formada de catorce personas, siete de ellas sostienen las cintas o listones de colores (ver ilustración).

Resumiremos el mensaje del retiro construyendo varias tiendas de campaña con las cintas de los colores del arco iris. Las tiendas de campaña representan el templo del arca de la alianza durante el Éxodo, y el arco iris es el símbolo bíblico de la alianza renovada. Ambos representan a las personas que tratan de vivir distintas dimensiones de la alianza de amor con Dios y con sus semejantes. Las dimensiones de la alianza que serán simbolizadas en el arco iris son las siguientes:
- rojo—amor, perdón y compasión;
- anaranjado—apoyo y ayuda mutua;
- amarillo—opción preferencial por los pobres;
- verde—oración personal y comunitaria;
- azul—construcción de la historia con Dios;

- añil—colaboración en la obra creadora de Dios a través del trabajo;
- violeta—compromiso de extender el Reino de Dios.

1. El facilitador/a de la dinámica explicará cómo se hará.

2. Formar grupos de catorce personas y dividir cada uno en siete parejas. Repartir a cada grupo un listón de cada color y marcadores. Asignar a cada pareja una dimensión diferente de la alianza. Pedirles que escriban en su cinta un ejemplo de cómo viven esa dimensión de la alianza; dejar suficiente espacio al final de la cinta, para que una persona pueda detenerla al construir la tienda. Si sobran personas, pueden formarse equipos de tres en lugar de parejas.

3. Cada grupo forma su tienda de campaña, siguiendo estas instrucciones:
- La persona más alta del grupo se pone de pie, al centro de un círculo formado por siete jóvenes. Detiene una punta de todas las cintas con sus manos en alto. Esta persona simboliza a Cristo, fuente de la alianza.

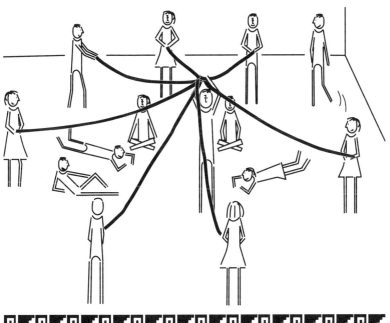

- Los siete jóvenes, también de pie, forman un círculo alrededor de la persona que simboliza a Cristo. Cada uno sostiene el otro extremo de una de las cintas, que representan las siete dimensiones de cómo los jóvenes viven su alianza con Dios y con sus semejantes.
- Cinco jóvenes se sientan o recuestan cómodamente al interior de la tienda; ellos simbolizan la paz y el gozo de vivir la alianza.

4. Después de terminar la tienda de campaña, el facilitador/a de la dinámica ayuda a que los jóvenes reflexionen, dirigiendo los siguientes tres pasos:

- Un joven camina alrededor de su tienda y lee en voz alta lo escrito en cada cinta. Esta persona simboliza el profeta que recuerda la alianza, enfatiza las obligaciones hacia el pobre, promueve la justicia, y llama a la conversión.
- El facilitador/a invita a reflexionar en silencio sobre los cuatro simbolismos principales en la tienda —Cristo, las dimensiones de la alianza, la paz y el gozo, y el profeta.
- Dejar las cintas en el suelo; el grupo se sienta formando un gran círculo. Invitar a quienes así lo deseen a compartir algún mensaje significativo recibido a través de la dinámica.

Sesión 6: Liturgia eucarística y rito de compromiso

A continuación se presenta una guía que le será de utilidad al equipo de liturgia:

1. Primera lectura: Colosenses 1, 15–20.

2. Rezar el Salmo 104. El responsorio es: "Envía tu Espíritu a que renueve la faz de la tierra".

3. Cantar el aleluya si es litúrgicamente apropiado.

4. Lectura del Evangelio: Marcos 6, 30–44.

5. Se recomienda una homilía compartida donde los jóvenes reflexionen sobre la lectura del Evangelio.

6. El ofertorio consiste en los credos, los compromisos y las cintas del arco iris.

7. Realizar el rito de compromiso. Invitar a los jóvenes a formar un círculo alrededor del altar. Mientras se toca música de fondo, el sacerdote dirige la renovación de las promesas del bautismo. Después, va hacia a un/a joven y haciendo la señal de la cruz en su frente, con agua bendita, le dice: "El Señor te invita a seguir viviendo la alianza con él. Ve con ánimo a la siguiente fase de tu formación como discípulo/a de Jesús". El/la joven responde: "Así lo haré. Deseo ser discípulo/a de Jesús". Después, esa persona hace lo mismo con quien está a su derecha y, así sucesivamente, hasta terminar el círculo. Si el grupo es muy grande, se pueden tener dos o tres vasijas con agua bendita, de modo de que haya varias estaciones donde se realice el rito de compromiso.

Sesión 7: Evaluación

Para hacer la evaluación escrita, usar la forma 5 que se encuentra en el apéndice 1, "Formas de Evaluación", páginas 188–189. Esta forma puede ser fotocopiada y duplicada. Dar a los jóvenes veinte minutos para llenarla. Después, facilitar una sesión de veinticinco minutos para conversar sobre las preguntas abiertas.

Cómo y Para Qué Se Escribió la Biblia

La palabra *biblia* viene del griego *biblos,* que significa "libros" o "escritos". La Biblia es una obra compuesta de setenta y tres libros que constituyen el Antiguo y el Nuevo Testamento. La Biblia nació de la Tradición apostólica, la cual llevó a la iglesia a discernir cuáles libros presentaban de manera auténtica y coherente la historia de salvación revelada al pueblo de Dios. Esta lista de libros o **canon** de las Escrituras quedó finalizada en el siglo III D. C. Cuarenta y seis libros constituyen el Antiguo Testamento (cuarenta y cinco libros, si Jeremías y Lamentaciones son considerados uno), y veintisiete constituyen el Nuevo Testamento. Todos ellos fueron reconocidos como libros santos y después como las Sagradas Escrituras; también fueron reconocidos como libros canónicos. A partir de entonces, la iglesia considera que la Biblia es palabra de Dios, como lo afirma la *Constitución dogmática sobre la divina revelación (Dei Verbum),* "La Sagrada Escritura es la palabra de Dios en cuanto escrita por inspiración del Espíritu Santo".[5]

El Antiguo Testamento

Autores y lenguas del Antiguo Testamento

Los escritos del Antiguo Testamento empezaron alrededor del año 1000 A. C. Dichos escritos relatan acontecimientos donde el pueblo de Israel descubre la presencia de Dios. En general, son versiones escritas de una tradición oral transmitida por los israelitas de generación a generación. Una variedad de personas, unidas por su fe en un Dios cuya voluntad era que vivieran como hermanos y hermanas, plasmaron en esos escritos su experiencia como pueblo de Dios.

La mayor parte del Antiguo Testamento fue escrita en hebreo, idioma hablado por los israelitas en Palestina antes del destierro a Babilonia. Después del destierro, los israelitas empezaron a hablar el arameo local, pero el Antiguo Testamento continuó siendo escrito y leído en hebreo. En tiempos de Jesús, los israelitas hablaban arameo en sus hogares, leían el Antiguo Testamento en hebreo, y usaban griego en el comercio y en la política. Jesús asistió a la escuela en Nazaret para aprender hebreo y entender el Antiguo Testamento.

Los israelitas que emigraron de Palestina a Egipto hablaban sólo griego. Por esta razón, en el siglo III A. C., un grupo de setenta y dos sabios judíos tradujeron varios libros al griego. Esta traducción llamada Septuaginta o Versión de los Setenta, incluye siete libros —Tobías, Judit, Baruc, Eclesiástico, Sabiduría de Salomón, 1 y 2 Macabeos, y algunas partes de los libros de Daniel y de Ester—, que no fueron incluidos en el canon hebreo. La Biblia católica contiene estos siete libros, pero las Biblias protestantes no los tienen porque se adhieren al canon hebreo.

El Antiguo Testamento refleja la historia del pueblo de Dios

Muchos escritos del Antiguo Testamento se escribieron en épocas de crisis o de transición en que los israelitas necesitaban reflexionar más intensamente sobre sus experiencias para afirmar su identidad como pueblo de Dios y buscar su ayuda para ser fieles a la alianza. Conforme discernían los designios de Dios en su historia, tomaban más conciencia como pueblo, y su deseo de transmitir su historia y hablar de lo que Dios significaba en su vida, se hacía más urgente.

El objetivo principal de los israelitas al escribir sus tradiciones fue compartir su historia de fe, no el relatar acontecimientos históricos con exactitud. El estudio de las Escrituras en las sinagogas y su lectura en reuniones y celebraciones del pueblo ayudaron a que su fe creciera y se purificara. Esto aseguró la transmisión de su fe a las siguientes generaciones.

Con el tiempo, algunos escritos empezaron a ser considerados sagrados, porque el pueblo se dio cuenta de que les ayudaban a descubrir la presencia de Dios en su vida. De esta manera dedujeron gradualmente que esos escritos eran inspirados por Dios, y empezaron a entender mejor la intervención de Dios en su historia: atribuyeron los mandamientos de la Ley a Dios (Éxodo 24, 12); se convencieron de que Dios mandaba escribir su mensaje por medio de los profetas porque venía directamente de él (Isaías 30, 8; Jeremías 30, 2–3), y creyeron que los libros sagrados revelaban la autoridad de Dios, sus promesas y sus exigencias de fidelidad.

Más tarde, el pueblo judío empezó a distinguir los libros que expresaban más de cerca su fe, elaboraron una lista de ellos y los reconocieron como norma de conducta. Los judíos hicieron oficial el canon hebreo después de la destrucción de Jerusalén por los romanos, en el año 90 d. c.

Épocas en que se escribió el Antiguo Testamento

1. El reino unido de Jerusalén (1000–933 a. c.). Los israelitas se organizan como monarquía bajo el rey David, a quien sucede su hijo Salomón. En esta época, doscientos años después de los sucesos del Éxodo, se empiezan a redactar las tradiciones legendarias sobre los patriarcas de Israel y las reflexiones de los sabios sobre el origen del universo y de los seres humanos. También se escriben algunos salmos y proverbios.

2. El reino dividido: el reino de Judá y el reino de Israel (933–587 a. c.). El reino de Jerusalén había estado unido por casi setenta años. La explotación económica durante el reinado de Salomón llevó a las tribus establecidas en el norte a rebelarse y formar el reino de Israel. Este reino, cuya capital era Samaría, cayó bajo el dominio de Asiria en 721 a. c. Durante la época que duró el reino se escribió la tradición elohísta sobre los orígenes del universo y del ser humano, los patriarcas, y los eventos del Éxodo. También se escribieron los libros de Amós y Oseas.

El reino de Judá duró de 933 a 587 a. c. cuando cayó en manos de Babilonia, y el templo de Jerusalén fue destruido. En esta época se fortalece la tradición yahvista y empiezan a escribirse los dos libros de Samuel y los dos de Reyes; continúa escribiéndose Proverbios, y se escriben Miqueas, el Primer Isaías, Sofonías, Nahún, Jeremías y Habacuc. La **tradición deuteronomista** le dio ímpetu a la reforma realizada por el rey Josías sacó a luz leyes provenientes del norte, las cuales son completadas y transformadas en el libro del Deuteronomio.

3. El destierro en Babilonia (587–538 a. c.). Cuando cae el reino de Judá, un gran número de judíos es deportado a Babilonia. Ahí su fe fue fortificada y purificada, dando origen al judaísmo, una nueva manera de vivir la religión judía. Esto marca el principio de los escritos de la tradición sacerdotal. Se empiezan a escribir Zacarías, Ezequiel y el Segundo Isaías, así como el libro de las Lamentaciones.

4. *El Imperio Persa (538–333 A. C.).* Ciro, rey de Persia, se apodera de Babilonia y deja que los judíos regresen a Judá. En esta época se reconstruye el templo de Jerusalén, se termina de escribir la tradición sacerdotal, y se organizan los cinco primeros libros como una unidad, la cual contiene la Torá (Ley), que se impone como ley del Estado. Se completan Crónicas, Esdras y Nehemías. Se recogen obras de la sabiduría y se empiezan a recolectar las tradiciones que darán lugar a Rut, Jonás, Proverbios y Job. Se empiezan a reunir los salmos en colecciones que pronto formarán un libro; se termina de escribir el Segundo Isaías, y se empieza el Tercer Isaías.

5. *El Imperio Griego (333–63 A. C.).* Alejandro Magno extiende el Imperio Griego hasta Egipto, abarcando Palestina. Durante esta época se terminan de escribir Zacarías y el Tercer Isaías, se siguen escribiendo Salmos y Proverbios y se escriben Malaquías, Abdías, Jonás, Job, Eclesiastés, Sirácida (Eclesiástico), Tobías, Cantar de los Cantares, Baruc, Sabiduría, Ester, Judit y el Primer y Segundo Macabeos. También se escribe el libro de Daniel, en estilo apocalíptico, propio de las épocas de crisis. Además, se traducen al griego las Escrituras, traducción que se conoce como la Versión de los Setenta.

El Pentateuco

El Pentateuco es el nombre dado a los cinco primeros libros de la Biblia, donde está contenida la Ley mosaica. Los autores de estos libros pusieron juntas diversas tradiciones. En ocasiones escribieron distintas versiones de un hecho y, en otras, mezclaron en una misma narración relatos provenientes de diferentes tradiciones. El siguiente esquema presenta el proceso de integración de las tradiciones que dieron origen al Pentateuco.

Esquema de la escritura del Pentateuco

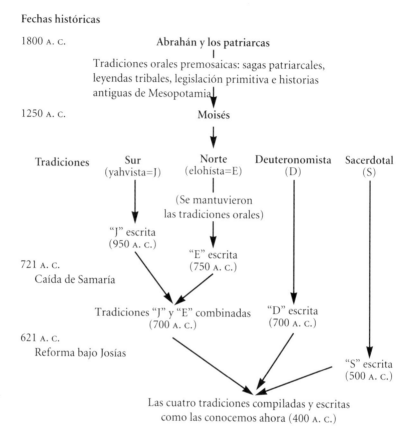

Fechas históricas

1800 A. C.　　　　　　Abrahán y los patriarcas

Tradiciones orales premosaicas: sagas patriarcales, leyendas tribales, legislación primitiva e historias antiguas de Mesopotamia

1250 A. C.　　　　　　　　Moisés

Tradiciones　　Sur　　　　Norte　　　Deuteronomista　　Sacerdotal
　　　　　　(yahvista=J)　(elohísta=E)　　　(D)　　　　　(S)

(Se mantuvieron las tradiciones orales)

"J" escrita
(950 A. C.)

"E" escrita
(750 A. C.)

721 A. C.
　　Caída de Samaría

Tradiciones "J" y "E" combinadas　　"D" escrita
(700 A. C.)　　　　　　　　(700 A. C.)

621 A. C.
　　Reforma bajo Josías

"S" escrita
(500 A. C.)

Las cuatro tradiciones compiladas y escritas como las conocemos ahora (400 A. C.)

Divisiones del Antiguo Testamento

Los judíos dividen el Antiguo Testamento en tres categorías: la Ley (Pentateuco), los Profetas y los Escritos. A su vez, subdividen los Profetas en profetas anteriores (Josué, Jueces, Rut, Samuel y Reyes) y profetas posteriores (Isaías, Jeremías, Ezequiel y los doce profetas menores). En la Biblia católica, el Antiguo Testamento está dividido en cuatro partes: el Pentateuco, los libros históricos, los libros poéticos y sapienciales, y los libros proféticos.

El Nuevo Testamento

El Nuevo Testamento* se escribió entre el año 50 y 100 D. C. Partes del mismo fueron escritas en Siria, Asia Menor (Turquía), Grecia e Italia, lo que hizo que varias culturas, religiones y situaciones socioeconómicas y políticas, influyeran en la manera como diferentes autores percibieron y transmitieron el misterio de Jesús.

En esos primeros años de la vida de la iglesia, los discípulos reflexionaron sobre sus experiencias con Jesús, tanto de la época en que vivió físicamente con ellos, como cuando se quedó con ellos por medio de su Espíritu. Las cartas de los apóstoles a las comunidades cristianas se escribieron primero; después los Evangelios, y al último el libro de la Revelación o del Apocalipsis.

Relación entre el Antiguo y el Nuevo Testamento

Tanto el Antiguo como el Nuevo Testamento fueron escritos para documentar la revelación de Dios, mantener viva la fe del pueblo, guiar e instruir a los fieles según el plan de Dios, dar consuelo y fortaleza en las dificultades, y tener marcos de referencia cuando se necesitaba regresar al camino de Dios. Esta *analogía de la fe,* o sea, la "cohesión de las verdades de la fe entre sí y en el proyecto total de la Revelación",[6] debe tenerse siempre presente.

El Antiguo Testamento hace referencia constantemente a la revelación de la voluntad de Dios. Jesús mostró su convicción sobre la autoridad de las Escrituras y las usó para fundamentar su propia doctrina (ver, por ejemplo, Mateo 5, 18 y Lucas 24, 27–28), incluso atribuyó a Dios ciertas frases del Antiguo Testamento que antes no se reconocían como venidas directamente de Dios (Mateo 15, 4; 19, 4).

Los apóstoles afirmaron repetidamente el valor del Antiguo Testamento. Pedro dijo claramente que, "impulsados por el Espíritu Santo, algunos hombres hablaron de parte de Dios" (2 Pedro 1, 21) y Pablo resume la manera como los primeros cristianos veían la Biblia, cuando escribe que: "Toda Escritura ha sido inspirada por Dios, y es útil para enseñar, para persuadir, para corregir, para educar en la rectitud, a fin de que el hombre de Dios sea perfecto y esté preparado

---

*El segundo libro en la serie Forjadores de Esperanza, *Seguidores de Jesús,* tiene un documento dedicado al Nuevo Testamento.

para hacer el bien" (2 Timoteo 3, 16–17). En su carta a los romanos, Pablo dice, "sabemos que cuanto fue escrito en el pasado, lo fue para enseñanza nuestra, a fin de que, a través de la perseverancia y el consuelo que proporcionan las Escrituras, tengamos esperanza" (15, 4).

La pedagogía divina y la tipología

Desde la perspectiva cristiana, el fin principal de la historia de salvación en la antigua alianza era preparar la venida de Cristo. Por ello, los libros del Antiguo Testamento revelan la pedagogía (proceso educativo) del amor salvífico de Dios.

Desde la época de los apóstoles, la iglesia ha afirmado y esclarecido la unidad de los dos Testamentos guiada por la tipología. La tipología consiste en reconocer en la acción de Dios en la antigua alianza, prefiguraciones de su acción en la nueva alianza a través de Jesucristo.

El Antiguo Testamento —leído a la luz de la fe en Cristo y teniendo presente la pedagogía de Dios y la tipología— permite descubrir en él un contenido inagotable que ayuda a comprender el Nuevo Testamento. Por otra parte, el Nuevo Testamento exige ser leído a la luz del Antiguo. Un viejo adagio ayuda a esclarecer la relación entre ambos Testamentos, al afirmar que "el Nuevo Testamento está escondido en el Antiguo Testamento, mientras que el Antiguo Testamento se hace manifiesto en el Nuevo Testamento".

Los primeros cristianos reinterpretan el Antiguo Testamento

La experiencia pascual llevó a los primeros cristianos a reinterpretar el Antiguo Testamento. Descubrieron que Jesús era el Mesías anunciado por los profetas y esperado por el pueblo de Dios, y que el universo entero está orientado hacia Cristo. Comprendieron que el pasado tenía valor y sentido, en la medida en que les ayudaba a descubrir y a vivir mejor la nueva presencia de Dios en Jesucristo, Emmanuel, "que significa: *Dios-con-nosotros*" (Mateo 1, 23).

Con Cristo cayó el velo que ocultaba el sentido profundo y misterioso de la Ley. Quien lee la Biblia desde la perspectiva cristiana y responde al llamado de Dios da vida a la letra de la Ley, repitiendo la historia de salvación hoy día bajo la acción del Espíritu Santo.

Los escritos del Nuevo Testamento contienen la verdad definitiva de la revelación divina. Se centran en Jesucristo, el Hijo de Dios encarnado, sus obras, sus enseñanzas, su pasión y su glorificación.

Por ello, los Evangelios son el corazón de las Escrituras, no sólo del Nuevo Testamento.

Interpretación Literaria de la Biblia

La Biblia fue escrita a lo largo de muchos siglos, en lenguas que no conocemos y bajo circunstancias socioculturales muy diferentes a las nuestras. Cada autor escribió con una intención específica y usó un género literario determinado. Por lo tanto, al analizar los textos bíblicos se necesita usar las ciencias de interpretación literaria.

Ciencia literaria interpretativa de la Biblia

Las dos ciencias que se ocupan del análisis, interpretación y estudio de textos son la **hermenéutica** y la exégesis. La hermenéutica proporciona las reglas necesarias para extraer el sentido original de los textos. Considera aspectos objetivos como el idioma, la época histórica en que fueron escritos, su género literario, y el lugar de un pasaje en relación con el resto del libro, y a su contexto inmediato.

La exégesis se basa en la hermenéutica, pero va más allá, pues se centra en la interpretación crítica de los textos. La exégesis bíblica extrae el mensaje teológico del texto y lo analiza a la luz de la fe, según la Tradición y el Magisterio de la Iglesia (ver documento 3, "La Biblia y Nuestra Tradición Católica", páginas 174–179). Entre los cambios más notables de la exégesis bíblica antigua y de la actual destacan dos:

1. **El paso de una exégesis con enfoque dogmático o moralizante a una exégesis teológica.** El enfoque moralizante trata de descubrir en el texto los fundamentos de la fe y de la conducta cristiana, según lo que personas con autoridad legal o moral consideran correcto. El enfoque teológico trata de identificar el mensaje universal de la salvación, y de discernir una respuesta de fe relevante al contexto sociocultural e histórico en que vive la comunidad cristiana.

2. **El paso de una interpretación independiente de las circunstancias en que vive la comunidad cristiana a una interpretación actualizada del mensaje de Dios.** El primer tipo de interpretación da por resultado una serie de reglas que deben seguirse al pie de la letra.

La interpretación actualizada trata de situar el mensaje divino en relación con los problemas presentes, analizándolos y dándoles una respuesta a la luz de la fe.

La exégesis realizada por el Magisterio de la Iglesia es universal, lo que asegura la unidad de fe entre todos los católicos y la profundización en la comprensión de los misterios fundamentales de la fe. Pero esta interpretación universal necesita ser actualizada por los fieles según las circunstancias históricas y socioculturales, para que todos los católicos reciban el mensaje del Evangelio de manera clara e íntima y vivan los misterios centrales de la fe cristiana. Para actualizar el mensaje bíblico, se requiere considerar lo siguiente:

- la realidad en que viven los cristianos que leen la Biblia;
- el mensaje comunicado a través del texto;
- la manera de interpretar el texto según la Tradición de la Iglesia y las enseñanzas del Magisterio;
- el llamado a la conversión y a la acción personal y comunitaria que Dios nos hace hoy en día, a través de su palabra.

Los géneros y los símbolos literarios en el Antiguo Testamento

Existen diversos géneros o estilos literarios, cada uno regido por reglas distintas. Por ejemplo, un libro de historia es diferente a una novela, poesía, obra de teatro, un libro de texto o un código legal. Cada estilo despierta expectativas y actitudes diferentes. Cuando no se toma en cuenta el género literario de un texto bíblico, es fácil que se creen confusiones. Entre las confusiones más frecuentes destacan el interpretar pasajes que intentan compartir un mensaje religioso, como si fueran reportes históricos de carácter científico; exhortaciones y motivaciones, como si fueran leyes; enseñanzas clave de Jesús, como si no tuvieran importancia; cuentos que comunican una verdad o una enseñanza moral, como si fueran historias reales.

Desde hace medio siglo la iglesia católica ha puesto un cuidado especial en distinguir los diversos géneros literarios de la Biblia. En su carta encíclica *Divino Afflante Spiritu* (1943), el papa Pío XII dice:

Es absolutamente necesario que el intérprete se traslade mentalmente a aquellos remotos siglos del Oriente para que, ayudado convenientemente con los recursos de la historia, arqueología, etnología y de otras disciplinas, discierna y vea con distinción qué géneros literarios, como dicen, quisieron emplear y de hecho emplearon los escritores de aquella edad vetusta.[7]

Posteriormente, el Concilio Vaticano II (1962–1965) en su *Constitución dogmática sobre la divina revelación (Dei Verbum)*, afirmó con claridad:

> Para descubrir la intención del autor, hay que tener en cuenta, entre otras cosas, *los géneros literarios*. Pues la verdad se presenta y se enuncia de modo diverso en obras de diversa índole histórica, en libros proféticos o poéticos, o en otros géneros literarios. El intérprete indagará lo que el autor sagrado dice e intenta decir, según su tiempo y cultura, por medio de los géneros literarios propios de su época.[8]

A continuación se presenta una breve descripción de los géneros literarios del Antiguo Testamento, que suelen necesitar clarificación:

Narración histórica. Estas narraciones reportan hechos situándolos en el tiempo y en el lugar en que sucedieron, con el fin de decir, lo que ocurrió lo más objetivamente posible, Por ejemplo, Jueces, capítulo 8, y 1 Macabeos.

Épica o epopeya. Las **épicas** o epopeyas relatan acontecimientos históricos de manera grandiosa para dar un mensaje didáctico importante, resaltando la figura de los héroes y las hazañas del pueblo. Por ejemplo, la lucha de David contra Goliat (1 Samuel 17, 4–58).

Saga. Una saga es una leyenda poética, heroica o mitológica que convierte eventos sucedidos hace mucho tiempo y transmitidos oralmente, en vivencias históricas de un pueblo. Por ejemplo, las historias de los patriarcas (Génesis, capítulos 12–50).

Narración didáctica. Estas narraciones tienen por objeto impartir una enseñanza o mensaje moral. Por ejemplo, el libro de Jonás.

La mayoría de los estilos literarios de la Biblia usan símbolos y otras formas de lenguaje figurado. Los símbolos son maneras de expresar una experiencia, en este caso religiosa, y cumplen con tres funciones: acercarnos al misterio de Dios, comunicar la relación entre Dios y la comunidad, y facilitar la experiencia de la presencia de Dios en y entre nosotros. Los símbolos ponen lo divino, lo espiritual y lo trascendental en términos comprensibles para nosotros. Algunos símbolos importantes en el Antiguo Testamento son: la nube, el trueno y el fuego, para simbolizar la presencia de Dios con su pueblo; el maná, que simboliza el alimento y el apoyo de Dios durante la jornada en el desierto; el arco iris, que simboliza la alianza renovada.

En resumen, para percibir la verdad que Dios quiere comunicarnos a través de un texto, necesitamos entender si los autores querían instruir o predicar; aconsejar o acusar; pasar una ley o dar testimonio de su fe. Esto no quiere decir que para leer la Biblia y rezar con ella tengamos que ser especialistas en exégesis. Pero si queremos comprender la verdad contenida en ella, debemos, por lo menos, tomar en serio las introducciones y las notas que aparecen en las buenas Biblias católicas.

La Biblia y Nuestra Tradición Católica

En nuestra vida diaria acumulamos cartas, cuentos, historias, anécdotas y recuerdos de nuestros seres queridos y de acontecimientos especialmente significativos. Todos ellos forman parte de nuestra tradición personal y social, y le dan cierto sentido a nuestra vida. También tenemos una rica tradición de fe, que empieza con la revelación en la historia.

Para conocer y hacer nuestra la tradición familiar y, sobre todo, la tradición de fe, necesitamos hacerlo bajo la dirección de personas bien versadas en estas tradiciones. Conocemos la Tradición católica de nuestra fe cristiana gracias al Magisterio de la Iglesia, y a los estudios realizados por los científicos bíblicos.

Acercarnos a la Biblia a través de las ciencias bíblicas y del Magisterio y la Tradición de la Iglesia es muy importante, pero no suficiente. Necesitamos reflexionar y orar en comunidad para lograr que el diálogo con la palabra de Dios sea parte esencial en la vida de la iglesia. En la conexión de la palabra de Dios con la vida de todas las comunidades de fe radica la universalidad y el valor de los textos bíblicos.

Lectura de la Biblia

La Biblia puede ser leída desde un punto de vista histórico o puede ser estudiada con un enfoque literario. Sin embargo, para comprender la palabra de Dios contenida en las Escrituras es esencial leerla desde una perspectiva de fe.

Cristo da sentido a la Biblia

La lectura cristiana de la Biblia se hace a partir de Cristo quien da sentido a la historia de la humanidad. La resurrección de Cristo reveló definitivamente el fin de la creación, y la meta hacia la que camina la historia.

Al fundamentar teológicamente la decisión de evangelizar a los paganos, Pablo afirmó que "en él [Cristo] fueron creadas todas las cosas, las del cielo y las de la tierra... Todo lo ha creado Dios por él y para él. Cristo existe antes que todas las cosas y todas tienen en él su consistencia" (Colosenses 1, 16–17). En su carta a los Efesios, Pablo les dijo, "[Cristo con] su venida ha traído la buena noticia de la paz: paz para ustedes los de lejos y paz también para los de cerca; porque gracias a él unos y otros, unidos en un solo Espíritu, tenemos acceso al Padre" (2, 17–18), y más adelante especificó que el plan misterioso de Dios es "constituir a Cristo en cabeza de todas las cosas, las del cielo y las de la tierra" (Efesios 1, 10). Juan sintetizó estos pensamientos cuando afirmó: "Todo fue hecho por [la Palabra] y sin ella no se hizo nada de cuanto llegó a existir" (1, 3).

El Espíritu Santo ayuda a comprender la revelación

Jesús prometió a sus discípulos que les enviaría su Espíritu para que les ayudara a comprender la verdad (Juan 16, 13). Sólo quienes poseen el don del Espíritu pueden expresar las cosas espirituales en lenguaje espiritual (1 Corintios 2, 13); sólo ellos pueden comprender lo que "viene de Dios, para que conozcamos lo que Dios gratuitamente nos ha dado" (1 Corintios 2, 12). Sólo el Espíritu puede quitar de nuestro corazón el velo que nos impide ver en el pasado, el futuro prometido (2 Corintios 3, 12–18).

Dios inspiró que se escribiera la Biblia para que su sabiduría divina inspirara nuestra vida. Pablo, en su carta a los Romanos, expresa esto de la siguiente forma: "Y sabemos que cuanto fue escrito en el pasado, lo fue para enseñanza nuestra, a fin de que, a través de la perseverancia y el consuelo que proporcionan las Escrituras, tengamos esperanza" (15, 4). Siglos más tarde, la *Constitución dogmática sobre la divina revelación (Dei Verbum)* escrita durante el Concilio Vaticano II, dice:

> Como todo lo que afirman los hagiógrafos, o autores inspirados, lo afirma el Espíritu Santo, se sigue que los Libros sagrados enseñan sólidamente, fielmente y sin error la verdad que Dios hizo consignar en dichos libros para salvación nuestra.[9]

Varias maneras de leer la Biblia

Es importante reconocer la Biblia como un diálogo entre Dios y su pueblo y, por lo tanto, leerla en comunidad y con espíritu comunitario. A través de la Biblia podemos encontrar una guía para nuestra vida diaria, pero no debemos buscar en ella recetas fáciles para cada decisión que tenemos que tomar. Para comprender la historia de salvación, necesitamos acercarnos a la Biblia, considerándola como fuente de vida nueva y un diálogo con Dios de la siguiente manera:

Como una comunicación de Dios en nuestra historia. Dios habla continuamente a su pueblo en el transcurso de su historia, con un diálogo que no comienza ni termina con la palabra escrita. La Biblia contiene las Sagradas Escrituras de un pueblo que reconoció la presencia de Dios desde el momento de la creación hasta el final de los tiempos. Hoy día, cada comunidad lee la Biblia desde sus propias experiencias, luchas, esperanzas, problemas y limitaciones; es desde allí que la palabra de Dios ilumina nuestra vida.

Como una revelación de Dios-comunidad. Dios se revela como Trinidad (Padre, Hijo y Espíritu Santo), y muestra su opción por la solidaridad comunitaria realizada en su diálogo y su alianza con todas las personas. Aún cuando leemos y meditamos la Biblia individualmente, no podemos separarla nunca de su dimensión comunitaria. Si la leemos bien, siempre nos llevará a la Trinidad, nos remitirá a la solidaridad de Dios con su pueblo, y nos llamará a vivir en comunidad. Los católicos creemos que la palabra de Dios siempre debe ser entendida en un contexto eclesial, pues el texto solo no abarca la totalidad del mensaje de Dios. Por eso no creemos en la interpretación individual, libre y literal de la Biblia.

Como un ofrecimiento continuo de vida nueva. El diálogo con Dios siempre genera vida en nosotros. A través de él, encontramos en las Escrituras, muchas fuentes de vida nueva, entre las que destacan:
• la conciencia de nuestra dignidad como hijos e hijas de Dios creados a su imagen y semejanza;
• el reconocimiento del amor de Dios y su gracia para responderle;
• la convicción de nuestra salvación, al saber que Dios perdona nuestros pecados, nos libera de nuestras opresiones, nos fortifica ante el dolor, y da sentido a nuestra vida;

- la esperanza de alcanzar una vida plena a través de Jesús, el Cristo, el Hijo de Dios que sella la nueva alianza;
- la acción del Espíritu de Dios en la comunidad eclesial, como signo de la llegada del Reino de paz, justicia y amor;
- el llamado continuo a la conversión, y a llevar el Evangelio a quien lo necesita y anhela.

Como un llamado a la misión. Cuando nos acercamos a la palabra de Dios con fe podemos escuchar su llamado a ser testigos de Jesús resucitado. Dar testimonio de nuestra fe es seguir el ejemplo de Jesús; quien nos enseña a buscar la voluntad de Dios en nuestra situación histórica y a responderle al cumplir con nuestra misión de extender el Reino de Dios. Nuestra participación en la oración, los sacramentos y la liturgia, complementan el diálogo entre Dios y nosotros, y nos fortalece para asumir nuestra misión como pueblo de Dios.

Biblia, Tradición y Magisterio de la Iglesia

Los católicos interpretamos la Biblia guiados por la Tradición y el Magisterio de la Iglesia, los cuales se apoyan en el trabajo de los teólogos y los científicos bíblicos. Considerando conjuntamente estas perspectivas estamos seguros de estar cerca de la verdad que Dios quiso revelar en las Sagradas Escrituras.

Biblia y Tradición

Dios quiso que la salvación traída por su Hijo fuera revelada a todos los pueblos y se conservara íntegra. Por eso, Jesucristo mandó a los apóstoles a proclamar a todas las naciones la vida nueva que vino a traer a toda la humanidad. Para que esto se cumpliera, Jesús envió su Espíritu a la comunidad eclesial quien, a partir de Pentecostés, empezó a predicar la Buena Nueva a todas las naciones.

Los apóstoles y otros discípulos de la generación de Jesús, dedicaron su vida a cumplir este mandato con su predicación, su ejemplo y la celebración de su fe. De esta manera empezaron a transmitir de palabra lo que habían aprendido de Jesús y de la acción del Espíritu Santo en ellos.

A esta costumbre, originada con los apóstoles y cuidadosamente guardada por sus sucesores a lo largo de los siglos, se le reconoce como Tradición. La Tradición es diferente a las Sagradas Escrituras, aunque ambas están íntimamente relacionadas. Las Sagradas Escrituras son los libros que contienen la palabra de Dios y que fueron admitidos oficialmente como parte del canon bíblico. La Tradición se origina de la palabra de Dios, confiada a los apóstoles y transmitida a los obispos, para que guiados por el Espíritu de verdad, la preserven, la expongan y la difundan entre todos los miembros de la iglesia.

> Por eso la Iglesia no saca exclusivamente de la Escritura la certeza de todo lo revelado... La Tradición y la Escritura constituyen el depósito sagrado de la palabra de Dios, confiado a la Iglesia. Fiel a dicho depósito, el pueblo cristiano entero, unido a sus pastores, persevera siempre en la doctrina apostólica y en la unión, en la eucaristía y la oración, y así se realiza una maravillosa concordia de Pastores y fieles en conservar, practicar y profesar la fe recibida.[10]

Biblia y Magisterio

En las primeras etapas de la iglesia, el Magisterio (enseñanza) de la fe, generalmente era reconocido como un carisma del Espíritu Santo dado a algunos fieles para el bien de la comunidad. También existía una corriente que asignaba el Magisterio especiamente a los apóstoles y a sus sucesores. Hasta el tercer siglo, la función magisterial continuó considerándose de esa manera y varios laicos, como Justino, Orígenes y Panteno, fueron figuras relevantes del Magisterio eclesial.

Sin embargo, la aparición de las herejías y la multiplicación de ministros ordenados llevó a un mayor control de las enseñanzas que impartían los laicos, hasta que la responsabilidad de la doctrina quedó exclusivamente en manos de los obispos. Hoy día, el Magisterio de la Iglesia, o sea, la responsabilidad de cuidar la integridad de las enseñanzas de la Iglesia es ejercida por el papa en unión con los obispos. A este respecto, la *Constitución dogmática sobre la divina revelación (Dei Verbum),* dice lo siguiente:

> El oficio de interpretar auténticamente la palabra de Dios, oral o escrita, ha sido encomendado únicamente al Magisterio de la Iglesia, el cual lo ejercita en nombre de Jesucristo. Pero el Magisterio no está por encima de la palabra de Dios, sino a su servi-

cio, para enseñar puramente lo transmitido, pues por mandato divino y con la asistencia del Espíritu Santo, lo escucha devotamente, lo custodia celosamente, lo explica fielmente; y de este depósito de fe saca todo lo que propone como revelado por Dios para ser creído.

Así, pues, la Tradición, la Escritura y el Magisterio de la Iglesia, según el plan prudente de Dios, están unidos y ligados, de modo que ninguno puede subsistir sin los otros; los tres, cada uno según su carácter, y bajo la acción del único Espíritu Santo, contribuyen eficazmente a la salvación de las almas.[11]

Formas de Evaluación

Forma 1: Evaluación de la jornada inicial

Evaluación de las sesiones

1 = pobre   2 = mediocre   3 = buena   4 = excelente

Sesión 1: Creados para vivir en alianza con Dios
Contenido   1   2   3   4   Proceso   1   2   3   4

Sesión 2: La línea de nuestra vida
Contenido   1   2   3   4   Proceso   1   2   3   4

Sesión 3: Visualizamos nuestro futuro como adultos
Contenido   1   2   3   4   Proceso   1   2   3   4

Sesión 4: Personas con una vida plena
Contenido   1   2   3   4   Proceso   1   2   3   4

Sesión 5: Celebración litúrgica
Contenido   1   2   3   4   Proceso   1   2   3   4

Evaluación general de la jornada inicial

- Coordinación   1   2   3   4
- Hospitalidad   1   2   3   4
- Espíritu de comunidad   1   2   3   4
- Asesores   1   2   3   4
- Uso del tiempo   1   2   3   4
- Lugar   1   2   3   4
- Alimentos   1   2   3   4

Contribuciones y recomendaciones

1. ¿Cuáles son las dos sesiones que te ayudaron más? ¿Cómo?

2. ¿Qué recomendaciones puedes dar para planear e implementar otro evento similar?

3. Comentarios adicionales:

Forma 2: Evaluación del primer ciclo de reuniones de comunidad

Evaluación de las reuniones

1 = pobre   2 = mediocre   3 = buena   4 = excelente

1. Creados a Imagen y Semejanza de Dios
Contenido   1   2   3   4   Proceso   1   2   3   4

2. Nuestra Dignidad y Valor como Personas
Contenido   1   2   3   4   Proceso   1   2   3   4

3. Crecemos en Comunidad
Contenido   1   2   3   4   Proceso   1   2   3   4

4. Espiritualidad Cristiana y Nuestra Imagen de Dios
Contenido   1   2   3   4   Proceso   1   2   3   4

Vida comunitaria

	1	2	3	4
• Corresponsabilidad de todos los miembros	1	2	3	4
• Estilo comunitario de liderazgo	1	2	3	4
• Evangelización y esfuerzos misioneros	1	2	3	4
• Oración y espiritualidad como comunidad	1	2	3	4
• Compromiso hacia el estudio	1	2	3	4
• Praxis cristiana de todos los miembros	1	2	3	4
• Espíritu comunitario fuera de las reuniones	1	2	3	4
• Comportamiento como comunidad de comunidades	1	2	3	4
• Ministerio del animador/a	1	2	3	4
• Apoyo de los asesores	1	2	3	4

Contribuciones y recomendaciones

1. ¿Cuál reunión te ayudó más? ¿Cómo?

2. Identifica algunos aspectos de las reuniones que necesitan ser mejorados. Da algunas recomendaciones.

3. Identifica los aspectos de tu vida comunitaria que mejoraron durante este período.

4. Identifica los aspectos de tu vida comunitaria que requieren más trabajo. Da algunas recomendaciones.

Forma 3: Evaluación del taller de formación

Evaluación de las sesiones

1 = pobre   2 = mediocre   3 = buena   4 = excelente

Sesión 1: Dios se revela en la historia
Contenido   1   2   3   4   Proceso   1   2   3   4

Sesión 2: Cómo encontrar libros y pasajes en la Biblia
Contenido   1   2   3   4   Proceso   1   2   3   4

Sesión 3:
Cómo identificar los géneros literarios en un texto bíblico
Contenido   1   2   3   4   Proceso   1   2   3   4

Sesión 4: La revelación progresiva de Dios
Contenido   1   2   3   4   Proceso   1   2   3   4

Sesión 5: Biblia, Tradición y Magisterio
Contenido   1   2   3   4   Proceso   1   2   3   4

Sesión 6: Liturgia de la palabra
Contenido   1   2   3   4   Proceso   1   2   3   4

Evaluación general del taller de formación

- Coordinación   1   2   3   4
- Hospitalidad   1   2   3   4
- Espíritu de comunidad   1   2   3   4
- Asesores   1   2   3   4
- Uso del tiempo   1   2   3   4
- Lugar   1   2   3   4
- Alimentos   1   2   3   4

Contribuciones y recomendaciones

1. ¿Cuáles son las dos sesiones que te ayudaron más? ¿Cómo?

2. ¿Qué recomendaciones puedes dar para planear e implementar otro evento similar?

3. Comentarios adicionales:

Forma 4: Evaluación del segundo ciclo de reuniones de comunidad

Evaluación de las reuniones

1 = pobre   2 = mediocre   3 = buena   4 = excelente

6. Un Llamado y un Camino
Contenido   1   2   3   4   Proceso   1   2   3   4

7. Éxodo, Liberación y Alianza
Contenido   1   2   3   4   Proceso   1   2   3   4

8. Jesús, la Alianza Nueva y Eterna
Contenido   1   2   3   4   Proceso   1   2   3   4

9. Coprotagonistas con Dios en la Historia
Contenido   1   2   3   4   Proceso   1   2   3   4

10. Espiritualidad Cristiana y Oración
Contenido   1   2   3   4   Proceso   1   2   3   4

Vida comunitaria

	1	2	3	4
• Corresponsabilidad de todos los miembros	1	2	3	4
• Estilo comunitario de liderazgo	1	2	3	4
• Evangelización y esfuerzos misioneros	1	2	3	4
• Oración y espiritualidad como comunidad	1	2	3	4
• Compromiso hacia el estudio	1	2	3	4
• Praxis cristiana de todos los miembros	1	2	3	4
• Espíritu comunitario fuera de las reuniones	1	2	3	4
• Comportamiento como comunidad de comunidades	1	2	3	4
• Ministerio del animador/a	1	2	3	4
• Apoyo de los asesores	1	2	3	4

Contribuciones y recomendaciones

1. ¿Cuál reunión te ayudó más? ¿Cómo?

2. ¿Cuáles aspectos de las reuniones necesitan ser mejorados? Da algunas recomendaciones.

3. ¿Cuáles aspectos de tu vida comunitaria mejoraron durante este período?

4. ¿Cuáles aspectos de tu vida comunitaria requieren más trabajo? Da algunas recomendaciones.

5. Escribe otras sugerencias para mejorar las reuniones o la vida de la comunidad.

Forma 5: Evaluación del retiro

Evaluación de las sesiones

1 = pobre   2 = mediocre   3 = buena   4 = excelente

Sesión 1: Meditación sobre nuestra alianza con Dios
Contenido   1   2   3   4   Proceso   1   2   3   4

Sesión 2: El amor, la alianza y el desarrollo personal
Contenido   1   2   3   4   Proceso   1   2   3   4

Sesión 3: Creados para hacer la historia con Dios
Contenido   1   2   3   4   Proceso   1   2   3   4

Sesión 4: Nuestra alianza en Jesucristo
Contenido   1   2   3   4   Proceso   1   2   3   4

Sesión 5: La tienda y el arco iris de la nueva alianza
Contenido   1   2   3   4   Proceso   1   2   3   4

Sesión 6: Liturgia eucarística y rito de compromiso
Contenido   1   2   3   4   Proceso   1   2   3   4

Evaluación general del retiro

- Coordinación   1   2   3   4
- Hospitalidad   1   2   3   4
- Espíritu de comunidad   1   2   3   4
- Asesores   1   2   3   4
- Uso del tiempo   1   2   3   4
- Lugar   1   2   3   4
- Alimentos   1   2   3   4

Contribuciones y recomendaciones

1. ¿Cuáles son las dos sesiones que te ayudaron más? ¿Cómo?

2. ¿Qué recomendaciones puedes dar para planear e implementar otro evento similar?

3. Comentarios adicionales:

Colección Testigos de Esperanza

Serie	Título	Objetivos	Fases del proceso
Profetas de Esperanza	Volumen 1 *La juventud hispana y la respuesta pastoral de la iglesia*	Analizar la realidad personal, cultural, social y religiosa de la juventud hispana y la respuesta de la iglesia a sus necesidades pastorales.	Capacitación de líderes y asesores
	Volumen 2 *Evangelización de la juventud hispana*	Presentar en qué consiste la evangelización de los jóvenes hispanos, un modelo de evangelización en pequeñas comunidades y el papel de María en estos esfuerzos evangelizadores.	
	Volumen 3 *El modelo Profetas de Esperanza: taller para un fin de semana*	Experimentar el modelo Profetas de Esperanza, y conocer sus fundamentos teológico-pastorales.	Experiencia inicial del modelo Profetas de Esperanza
Promotores de Esperanza	Manual 1 *Amanecer en el horizonte: creando pequeñas comunidades*	Promover la creación de pequeñas comunidades, mediante un proceso de formación-en-la-acción, vivido y facilitado por un grupo de jóvenes.	Creación y multiplicación de pequeñas comunidades
	Manual 2 *Levadura en el mundo: creciendo en vida comunitaria*	Ayudar a que los jóvenes profundicen en su vida como pequeña comunidad y avancen en su proceso como comunidad.	Crecimiento comunitario para la vida en el mundo
	Manual 3 *Servidores del Reino: asesorando pequeñas comunidades*	Capacitar a personas como líderes y asesores de pequeñas comunidades de jóvenes, mediante un proceso de formación y práctica pastoral.	Capacitación de líderes y asesores

Serie	Título	Objetivos	Fases del proceso
Forjadores de Esperanza	Libro 1 *En alianza con Dios*	Promover la vocación y misión de los jóvenes en la historia de salvación, desde una perspectiva teológica y antropológica.	
	Libro 2 *Seguidores de Jesús*	Promover la vocación y misión de los jóvenes como discípulos, desde una perspectiva cristológica.	
	Libro 3 *Activos en la historia*	Promover la vocación y misión de los jóvenes en su ambiente, desde una perspectiva de las relaciones sociales.	Desarrollo de la vocación y misión laical
	Libro 4 *Comprometidos como iglesia*	Promover la vocación y misión de los jóvenes en la iglesia, desde una perspectiva eclesial.	
	Libro 5 *Constructores de cultura y sociedad*	Promover la vocación y misión de los jóvenes en el mundo, desde una perspectiva sociocultural.	

Animador/a, animadores. Persona capaz de suscitar vida en la comunidad; promover el descubrimiento y el desarrollo de los dones de sus miembros; motivar a cada joven y a la comunidad entera; facilitar la vida de oración de la comunidad; favorecer la hospitalidad y el cuidado entre sus miembros, y apoyar a la comunidad.

Antropológico, antropología. Del griego *anthroopos*, "hombre", y *logos*, "tratado". Ciencia dedicada al estudio de los seres humanos en relación con su origen, distribución geográfica, historia y cultura; raza y características físicas; ambiente socioeconómico, relaciones sociales, prácticas y creencias religiosas. Desde la perspectiva teológica, la antropología estudia el origen y la naturaleza de la humanidad, y el fin para el cual fue creada por Dios.

Canon. Del griego *kanoon*, "norma" o "regla". En relación con las Sagradas Escrituras, el canon es la lista oficial de libros aceptados por la Iglesia como parte de la Biblia. Estos libros se consideran haber sido inspirados por Dios y, como tales, ser normativos para la fe y la vida.

Circuncisión. Operación quirúrgica del prepucio en el órgano genital masculino. Para el antiguo pueblo de Israel era un rito religioso que simbolizaba su alianza con Dios. Estaba prescrito que se realizara al octavo día del nacimiento del niño, y era exigida para que pudiera participar en las celebraciones de la pascua. A partir del exilio pasó a ser la señal distintiva de pertenecer al pueblo de Israel y a Yahvé. Jesús fue circuncidado, como lo pedía la ley. San Pablo rompió con esta tradición liberando de ella a los gentiles convertidos del paganismo. Para los judíos es todavía un rito de iniciación para formar parte de su comunidad.

Comunitaria. Adjetivo usado para calificar la naturaleza de una experiencia, espiritualidad, ministerio pastoral, etcétera, cuando ésta ocurre en una comunidad.

Coordinador/a. Persona que organiza y mantiene el orden y disciplina de las reuniones y otras actividades de la comunidad. El coordinador/a debe delegar la conducción de diferentes partes de la reunión o de las actividades a las personas que tienen el rol de facilitadores. En el modelo Profetas de Esperanza, las funciones de coordinadores y de facilitadores se rotan entre *todos* los miembros de la pequeña comunidad. Los coordinadores también deben cerciorarse de que las personas responsables de servicios específicos, tales como la hospitalidad y la música, cumplan con sus obligaciones. *Ver también* **facilitador/a.**

Coprotagonistas. Persona que comparte el papel principal en un acontecimiento o evento. Definimos a los seres humanos como coprotagonistas de la historia humana porque colaboramos con Dios en hacer y dar dirección a la historia.

Épica. La épica, también llamada epopeya, es un género literario que relata hechos históricos, que ensalza a los héroes y pone de manifiesto la intervención de lo sobrenatural. Muchos relatos del Éxodo pertenecen a este género literario.

Exégesis. Del griego *exegoumai*, "extraer". Es la disciplina científica que analiza un texto, en este caso un texto sagrado, para extraer su significado original con el fin de interpelar al lector por un deber hacer o un deber vivir. El exegeta analiza el texto para colocarlo de nuevo en su marco geográfico, sociocultural, político, religioso, e histórico. Determina también su género literario y composición. *Ver también* **géneros literarios; hermenéutica.**

Facilitador/a. Persona que conduce un proceso específico con el fin de que todos los miembros de la comunidad participen en él. Sus tareas principales son: dirigir o dar la palabra a los participantes, de manera que todos puedan intervenir; cuidar que el diálogo se mantenga centrado en el tema designado, y dirigir la oración de la comunidad. *Ver también* **coordinador/a.**

Géneros literarios. Modos de expresión escritos, como las narraciones históricas, la poesía, el drama, las cartas, los cantos, las fábulas, las parábolas, los dichos, las novelas. La Biblia contiene varios géneros literarios propios de las épocas en que se escribió. Para más información sobre este tema, ver el documento 2, "Interpretación Literaria de la Biblia", páginas 170–173. *Ver también* **exégesis; hermenéutica.**

Hermenéutica. Del griego *hermeeneutikos,* "expresar", "interpretar", "traducir". Disciplina científica que se centra en la interpretación de textos antiguos, principalmente de los textos bíblicos. La hermenéutica no sólo comprende el análisis exegético del texto sino también su interpretación con base en una perspectiva filosófica y teológica. La hermenéutica católica analiza el texto a la luz de la fe, según la Tradición y el Magisterio de la Iglesia. *Ver también* **exégesis; géneros literarios.**

Hispano, latino. En este libro, al igual que en toda la colección Testigos de Esperanza, los términos *hispano* y *latino* son usados de manera intercambiable para referirse a las personas provenientes de los países del Caribe, América Latina y España —donde predominan la lengua y cultura española—, y a sus descendientes que radican en Estados Unidos, hablen español o inglés.

Latino, hispano. *Ver también* **hispano, latino.**

Neoliberalismo económico. Sistema económico y político que se empezó a desarrollar en las últimas décadas y que se intensificó a partir de la caída del sistema comunista en Europa. Se basa en la economía de mercado, y favorece a los países, empresas y personas que poseen altas proporciones de la riqueza mundial o nacional. Incrementa el abismo entre los países y personas ricas y los pobres.

Praxis cristiana. Del griego *praxeo,* que significa "obrar", "realizar", "ejecutar". En el lenguaje religioso se usa para designar la acción que conjuga la teoría —conocimiento de las realidades, iluminación con el Evangelio, y las enseñanzas de la Iglesia, reflexión y evaluación—, con el hacer concreto de las personas y las comunidades cristianas. La praxis cristiana implica un proceso de conversión personal y transformación de la sociedad.

Prefigura. En el Antiguo Testamento se dice que un personaje o evento prefigura a un personaje o evento del Nuevo Testamento cuando presenta cualidades o características similares. Abrahán prefigura al Mesías prometido porque es elegido de Dios; en él empezaron las promesas de Dios sobre la formación del pueblo elegido, la bendición a todas las naciones, y la posesión de la Tierra Prometida. Estas promesas se cumplen en Jesús, el Elegido de Dios, que constituyó el pueblo de Dios, universalizó la salvación, e implantó el Reino de Dios en la tierra.

Primicias. Esta palabra significa primeros frutos o el principio de algo. En el contexto de la fe cristiana, se usa para referirse a la experiencia que tenemos en nuestra vida terrestre de lo que será la vida plena y eterna en unión con Dios, después de nuestra muerte y resurrección en Cristo.

Sacramento. Signo e instrumento de la acción santificadora de Dios en las personas y en la comunidad eclesial. Cristo es el sacramento del Padre porque es signo de Dios en la historia de la humanidad e instrumento de su amor, liberación, justicia y misericordia. La iglesia es sacramento de Cristo porque es signo del Jesús resucitado e instrumento que hace presente el Reino de Dios en el mundo. En la iglesia hay siete sacramentos o celebraciones litúrgicas que son signos e instrumentos de la acción santificadora del Espíritu Santo en varias dimensiones y momentos de la vida cristiana.

Señorío. Dominio y administración ejercidos con dignidad, gentileza, autoridad y responsabilidad. En la colección Testigos de Esperanza designa el rol dado por Dios a las personas en relación con la creación, el cual se traduce en vivir un vínculo de hermandad con la naturaleza y el universo entero; desarrollar una espiritualidad que celebra lo sagrado de toda la creación de Dios; cuidar y administrar con justicia los recursos materiales propios, los de la iglesia y de la sociedad; usar los recursos naturales, la cultura, las ciencias y la tecnología para promover el desarrollo humano al respetar la ecología. El término equivalente en inglés es *stewardship*.

Teológico, teología. Del griego *theos,* "Dios" y *logos,* "palabra" o "tratado". Estudio, reflexión y meditación que, con la asistencia del Espíritu Santo, permite profundizar de manera ordenada en el concocimiento de las verdades reveladas. Como ciencia, la teología es el estudio sistemático de la revelación de Dios. En sentido amplio, la teología es la profundización de los misterios que vive la comunidad eclesial realizada al reflexionar sobre la palabra de Dios, a partir de su experiencia histórica.

Tradición deuteronomista. La tradición deuteronomista se basa en un conjunto de leyes escritas en el reino del Norte. Estas leyes, las cuales se terminaron de escribir en Jerusalén, sirvieron de base a la reforma religiosa realizada por el rey Josías, a mediados del siglo VII A. C. *Ver también* **tradición elohísta; tradición sacerdotal; tradición yahvista.**

Tradición elohísta. La tradición elohísta se atribuye a las tribus del reino de Israel, también conocido como reino del Norte. Designa a Dios con el nombre de Elohim. Su estilo es sobrio y monótono, su código moral es más exigente que en la tradición yahvista, y se preocupa por respetar la distancia entre Dios y el ser humano. *Ver también* **tradición deuteronomista; tradición sacerdotal; tradición yahvista.**

Tradición sacerdotal. La tradición sacerdotal nació durante el destierro de Babilonia, entre los años 587–538 a. c. Se originó cuando los sacerdotes releían sus tradiciones aplicándolas a la situación que se vivía en el exilio, para mantener la fe y las esperanza del pueblo de Israel. *Ver también* **tradición deuteronomista; tradición elohísta; tradición yahvista.**

Tradición yahvista. La tradición yahvista tuvo su origen en el reino de Judá, también conocido como reino del Sur. Hace una reflexión teológica sobre la condición humana, y enfatiza la alianza de Dios con su pueblo. Se refiere a Dios como Yahvé, como le fue revelado a Moisés. *Ver también* **tradición deuteronomista; tradición elohísta; tradición sacerdotal.**

1. Paulo VI, *El progreso de los pueblos (Populorum Progressio)* (México, DF: Ediciones Paulinas, 1967), no. 15.

2. Paulo VI, *Nuevo documento social (Octagesima Adveniens)* (México, DF: Ediciones Paulinas, 1971), no. 17.

3. Bishops' Committee on the Liturgy, *Eucharistic Prayers for Masses with Children and for Masses of Reconciliation* (Washington, DC: National Conference of Catholic Bishops, 1975), p. 40. Traducción al español por Richard Wood, PhD.

4. Edward Hays, *Prayers for the Domestic Church* (Easton, KS: Forest of Peace Books, 1979), p. 55. Traducción al español por Richard Wood, PhD.

5. *Constitución dogmática sobre la divina revelación (Dei Verbum)*, en *Concilio Vaticano II: Constituciones. Decretos. Declaraciones.* (Madrid: La Editorial Católica, 1967), no. 9.

6. Libreria Editrice Vaticana, *Catecismo de la Iglesia Católica,* (Boston, MA: St. Paul Books and Media, 1992), no. 114.

7. Pío XII, *La divina inspiración (Divino Afflante Spiritu)* (Bogotá, Colombia: Ediciones Paulinas, 1966), no. 39.

8. *Op. cit., Dei Verbum,* no. 12.

9. *Ibidem,* no. 11.

10. *Ibidem,* nos. 9–10.

11. *Ibidem,* no. 10.

Permisos *(continuación)*